新日本プロレスブックス

# 獣神サンダー・ライガー自伝

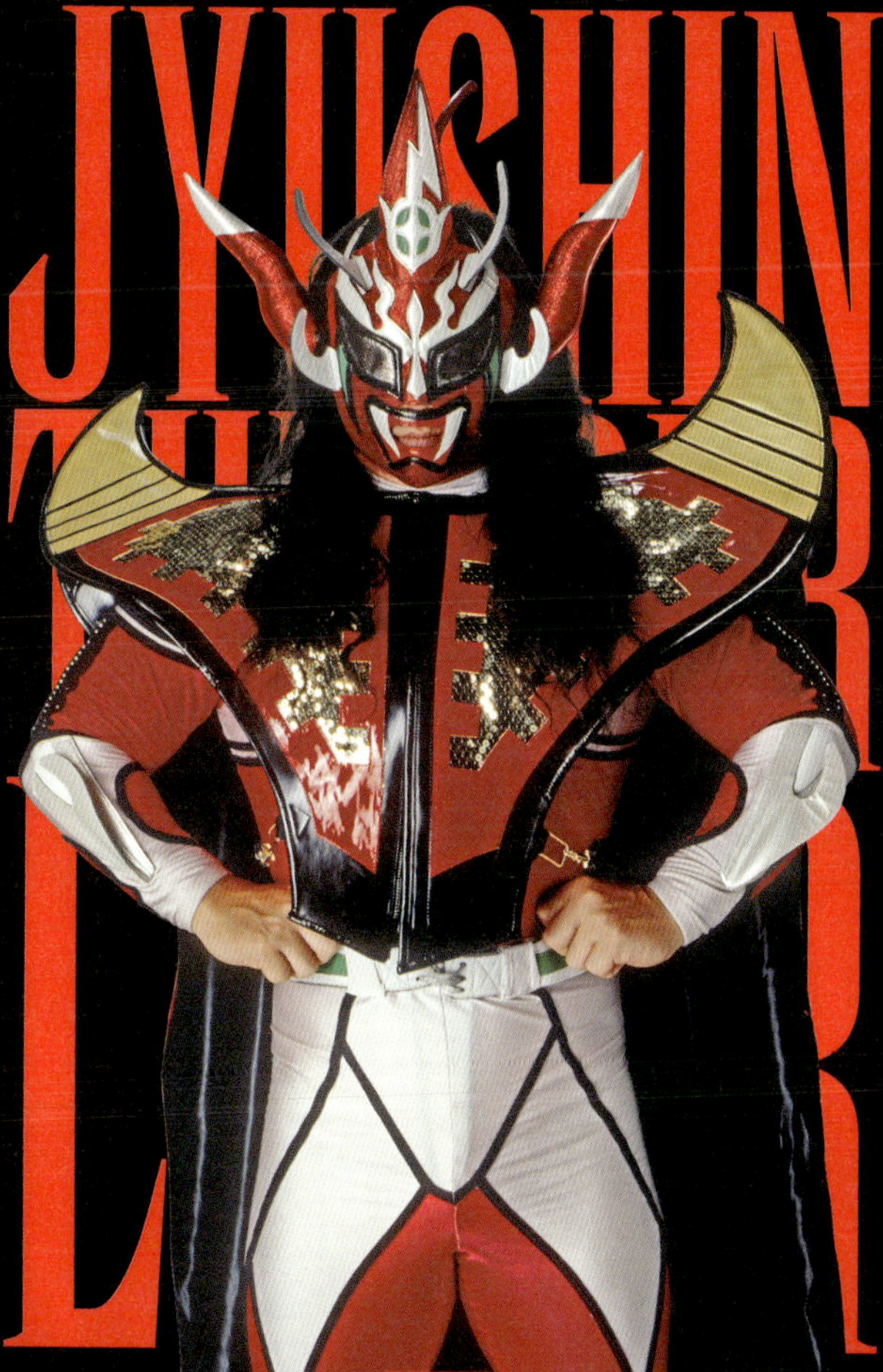


獣神サンダー・ライガー

イースト・プレス

# JYUSHIN THUNDER LIGER PHOTO HISTORY

## 2000-2017

2000年4月9日の第3回『スーパーJカップ』で優勝。第2回に続いて連覇を達成した。

2001年1月28日、全日本プロレスに参戦。セコンドには当時若手の棚橋弘至らの姿が見える。

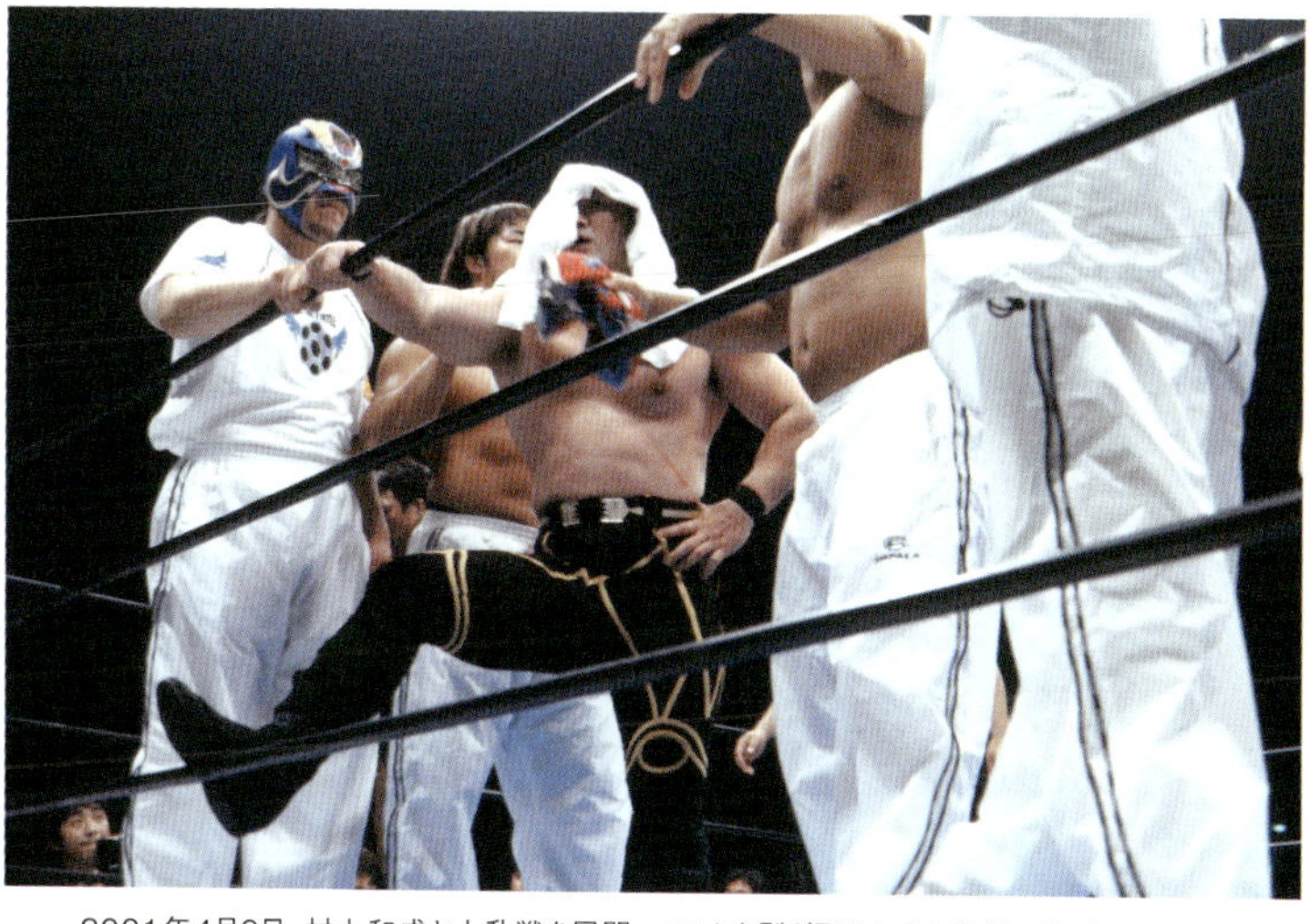

2001年4月9日、村上和成と大乱戦を展開。マスクを剥ぎ取られるも素顔で飛びかかった。

©週刊プロレス

2002年11月30日、パンクラスで鈴木みのるとバーリ・トゥード・ルールで刺激的な再会。

©ゴング格闘技

2002年の鈴木みのる戦のあと、さらなる強さを身につけるべく柔術を開始。紫帯の腕前を持つ。

2005年10月23日にアメリカTNAでサモア・ジョーと対峙。現地のファンから大歓声が送られた。

2006年7月30日、鬼神ライガーとしてBADBOY非道を完膚なきまでに叩きのめす。

2006年12月24日のクリスマスイブ、CTU CATS-THUNDER TAMAが新日本マットに舞い降りた。

2007年1月4日、全日本のヒールユニット「ブードゥー・マーダーズ」と結託。

2008年4月13日、AKIRAとのタッグでNO LIMITを相手にIWGPタッグ王座防衛に成功。

2009年12月12日、みちのくプロレスの『宇宙大戦争』に参戦し、地球の平和を守る。

2010年8月13日、メキシコCMLLでラ・ソンブラを下してウニベルサル王者に。

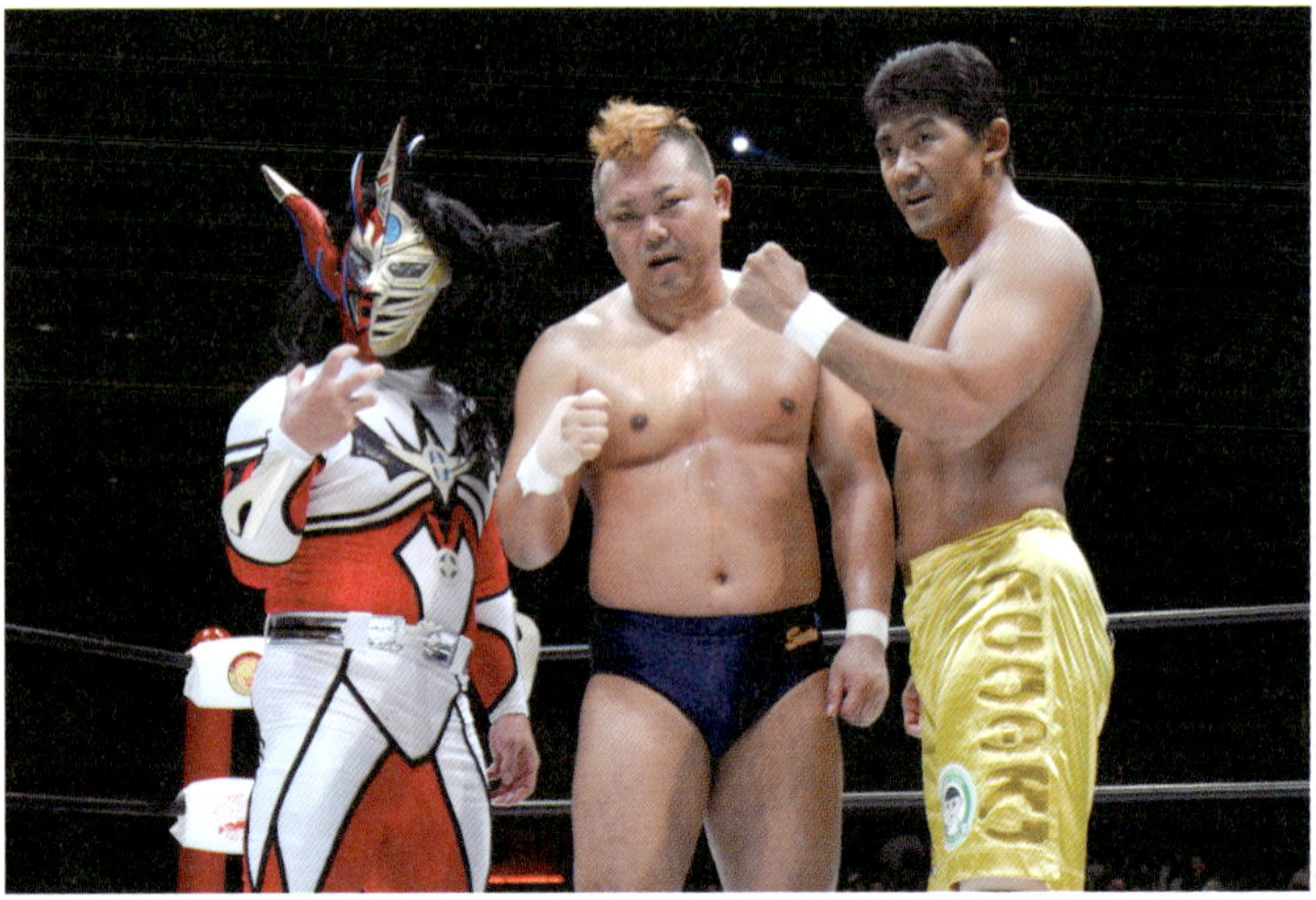

2011年8月27日、全日本とノアの合同興行『ALL TOGETHER』で船木誠勝&佐野巧真とトリオ結成。

2012年6月16日、無法ファイトを繰り広げるTAKAみちのく&タイチ組の前に鬼神がひさびさの出現。

2016年5月3日、IWGPジュニアヘビーに約6年ぶりに挑戦。試合後、王者KUSHIDAが敬意を表す。

2017年5月31日、最後の『スーパージュニア』公式戦でタイチを下して有終の美を飾る。

# MASK GALLERY

野毛の道場にある"獣神部屋"で。畳にちゃぶ台、怪獣の写真と随所にこだわりが見える。

# NOGE

怪獣のガレージキット作りに取り掛かると、気づけば何時間も経っていることも。

福岡の自宅の庭先には、釣具など趣味にまつわるものがたくさん詰まった"獣神小屋"がある。

# FUKUOKA

秘蔵のマスクコレクション。選手本人と交換したものなど、貴重なものも多い。

## with GO NAGAI

“生みの親”である永井豪先生の事務所にて。ここからライガーの歴史ははじまった。

僕はレジェンドって呼ばれるのがイヤなんですよ。
いつでも重要なのは〝いま〟であり〝これから〟なんで。

# JYUSHIN THUNDER LIGER Ⓕ
## 獣神サンダー・ライガー自伝

CONTENTS

# Chapter.1

## 『G1 CLIMAX』初出場

# 第3回『スーパーJカップ』

――ライガー選手は1999年11月、「新日本ジュニアはぬるま湯だ、殺気がない」と批判し、2000年に入るとジュニア戦線で殺伐とした試合を繰り広げ、同時に〝VSヘビー級〟路線を突き進みました。その最中、同年の4月1日に第3回『スーパーJカップ』がみちのくプロレス主催で開催されますが、ライガー選手も新日本を代表して参戦することになりました。

僕としては当時、ヘビー級にケンカを売っていた時期ということもあって、このときの『スーパーJカップ』にエントリーする気はなかったんですよ。でも、会社や大会のプロデューサーだった（ザ・グレート・）サスケから「大会を盛り上げるために」と説得されたので、「わかった。でも、俺は自分のやりたいように戦うよ」ということで臨んで。本来、『スーパーJカップ』はジュニアのお祭りなのに、ひとりだけピリピリしていたかもしれないですね。

――あのときの『スーパーJカップ』は第2回以来、4年4か月ぶりに行なわれ、1回戦を仙台市体育館、2回戦以降は4月9日に両国国技館で実施されました。

『スーパーJカップ』を2日にわけて開催というのは初の試みだったんですよね。サスケの「絶対に成功させる」という情熱を感じたというか、みちのく自体が第1回の『スーパーJカップ』でその名を知らしめた団体なので、この大会に相当な思い入れがあったんじゃないかな。同時に大会の名を汚すわけにはいかないというプレッシャーも感じていたでしょうし。『スーパーJカップ』はその主催団体によって、いろんなカラーが見えるのが楽しみですけど、みちのくのときはかなりバラエティに富んでましたよね。

――たしかにトーナメントにエントリーしたのが12の団体やユニットで、この参加数は『スーパーJカップ』史上最多となります。

（資料を見ながら）出場メンバーだと怨霊《おんりょう》（レッスル夢ファクトリー）の存在は異彩を放ってたかな。佐野（直喜＝当時はなおき）さんは高田道場代表として出てたんですね。あとは……、カレーマンがインド代表っていうのがみちのくらしい（笑）。ウチからは若手枠ってところで真壁（刀義＝当時は伸也）が出ましたけど、最近のファンは彼がジュニアでやっていたのは意外に思うでしょうね。

――このとき、ライガー選手は1回戦で当時はみちのく所属だったタイガーマスク選手と初対決していますが、ほかの試合に比べて空中戦よりも殺気立った攻防が目立つ一戦となりました。

僕も気が張ってましたからね。この時期、コスチュームを黒にしたのも赤白よりも重々しい雰囲気にしたいというのもあったし。このときがトラちゃん（タイガー）とははじめてのシングルだったんですけど、「新日本向きの選手だな」って思ったのを覚えています。やはり、佐山聡さんのお弟子さんということで戦いの意味がわかっているなと感じて。

――タイガー選手は02年の1・4東京ドームから新日本にレギュラー参戦し、同年12月にみちのくから正式に移籍しました。

タイガーマスクといえば昭和の新日本が生んだ最高傑作ですから、本人も相当な努力をしたと思いますよ。たまにトラちゃんが「佐山さんからこういうふうに教わったんですよ」って言うと、「それ、俺は藤原さんに教えてもらった！」みたいなことがあるんですよね。そういう意味で源流は一緒というか、それを彼も若い奴に教えようとしてますよ。基本的にトラちゃんは厳しいと思います。しかも若手だけじゃなく、僕がバスの中で大きなクシャミをしても「うるさい！」って言いますから（苦笑）。僕よりも気が短いんじゃないかなあ。でも、基本的にはバカなことばっかり言ってて面倒臭い（笑）。

――真壁選手も同じような発言をしていましたね（笑）。

真壁っちからもそう思われてるんだ（笑）。まあでも、いまの新日本ジュニアの中で僕とタイガーにしかできない戦いもあるというか、自分にとっては昭和の新日本のような原点回帰ができる相手ですね。

――そして、2回戦で当時は大日本プロレス所属のMEN'Sテイオー選手を下し、準決勝は当時みちのく所属だったグラン浜田選手と対峙しました。

僕はこのとき、はじめて浜田さんに勝ったんですよ。メキシコでお世話になった方にようやく恩返しができたというか。このときの浜田さんって50歳近くなんですけど、それを考えると妖怪ですよ、あの人は。さすがサウナで筋トレするだけある（笑）。で、決勝ではその浜田さんの子どもみたいな世代のＣＩＭＡくん（当時・闘龍門）と当たる、と（笑）。

――CIMA選手は当時22歳ながらリッキー・マルビン（EMLL）、怨霊選手、佐野選手を倒して優勝決定戦に歩を進めました。結果はライガー選手が垂直落下式ブレーンバスターで下して『スーパーJカップ』2連覇を果たしましたが、CIMA選手の印象は？

「若いのにセンスあるなあ。ウルティモ（・ドラゴン）は人の才能を伸ばすのがうまいな」って思いましたね。実際、そのあとにウルティモはいい選手をいっぱい輩出していますし。ＣＩＭＡくんもすべての面でバランスのいい選手でしたよ。動けて、華もあって、しゃべれて。でも、プロレスがおもしろいのは、そういう部分だけじゃない〝天賦の才〟みたいなものを持っている選手がいるんですよ。「コイツ、しょっぱいなあ。でも、何か人を惹きつけるものがあるな」っていう。そういう部分を見抜くのがウルティモはうまかったから、闘龍門からはストーカー市川みたいな選手も生まれたし。闘龍門はずっと気になっていて、たしか触れたのはこのときのＣＩＭＡくんがはじめてでしたけど、「ちょっと、いままで日本にはなかった団体だな」って感じました。

――ＣＩＭＡ選手は後年、「『スーパーＪカップ』があったから、自分が世に出られた」という発言を残しています。

そう言ってもらえると、『スーパーＪカップ』の言い出しっぺとしてはうれしいですね。サスケやハヤブサ選手同様、彼も「スター発掘」という『スーパーＪカップ』の本質的な部分を体現してくれた選手だと思います。

00年の第3回『スーパーJカップ』優勝決定戦の相手はCIMA。闘龍門のエースは果敢に攻め込むも、ライガーはすべてを受けきって貫禄の勝利を収めた。

## 〝VSヘビー級〟の壁

――2000年に入り、ライガー選手はヘビー級戦線に殴り込みをかける中、この年の『G1』にジュニア戦士として初のエントリーを果たします。

そこは僕も会社にアピールを続けて、熱意を認めてもらったということですよね。このときの『G1』ははじめて4ブロック制だったんですけど、それ以降は採用されてないってことはわかりにくかったのかもしれない（笑）。

――たしかに『G1』の歴史では唯一で。ライガー選手はこのときの『G1』公式戦で、後藤達俊選手に垂直落下式ブレーンバスターで勝利を収め、ヘビー級相手に結果を残しました。

あれはうれしかったなあ！　場内もすごく盛り上がってくれて。後藤さんは若手時代からウマが合うっていうか、試合でスイングする選手なんですよ。ヤングライオン杯のときも決勝で当たって、僕が勝ってるし。後藤さんは昭和のレスラーっぽい厚みのある身体をしていましたけど、じつは身体のバネがジュニアの選手ばりにすごくて。ジャンプ力もかなりあったし、もっとドロッ

00年にはジュニア戦士初となる『G1 CLIMAX』出場。公式戦で3連敗を喫するも、最後に後藤から完璧な勝利を飾り、爪痕を残した。

プキックとかやればよかったのに、本人的にキャラじゃないって思ったのかどうか（笑）。これはよく知られた話ですけど、あの人はバックボーンがウエイトリフティングで背筋力が300キロ以上あったんですよ。昔、本人が「ウエイトリフティングは筋力じゃなくて、全身のバネが重要なんだよ」って言ってたのを覚えてます。あと、あの人は僕と違って身体もすごく柔らかくて、180度開脚してペターンって顔を床につけられるくらいで。

――後藤選手はラフファイトが得意でゴツゴツしたイメージがありますが、そんなに柔軟だったんですね。

そういうバネと柔らかさがあったから、あれだけのバックドロップができたんだと思います。あの受身のうまい馳《はせ》（浩《ひろし》）が、アクシデントとはいえ後藤さんのバックドロップで一時は生死をさまよったくらいなんで、その威力はすごかったですよ。『G1』のときの勝因は、あのバックドロップをまともに食らわなかったからでしょうね。でも、ほかは全部負けちゃったので、個人的には決して納得いく成績ではなかったです。

――ライガー選手はこのときの公式戦で永田裕志選手、飯塚高史選手、藤波辰爾選手に敗北を喫しました。

そのなかだと藤波さんとの試合が印象深いかな。当時の新日本は長州さんとか（佐々木）健介とか、相手をガンガン攻めて叩き潰すスタイルの選手が多かったですけど、藤波さんはちょっと違って。よく言われることですけど、あの人はとにかく巧い。決して体格に恵まれているわけではないのにディック・マードックやアドリアン・アドニス、あとはビッグバン・ベイダーやアンドレ・ザ・ジャイアントみたいな選手と戦ってきたのはダテじゃないというか、その中で勝つためのレスリングを追求した結果が、あの試合運びだと思うんですよね。一瞬の切り返し技とか、僕なりに見て学んだ部分も多かったですよ。ジュニアで一時代を築いてからヘビーでも成功したという部分で、先駆者みたいな人ですね。

――『G1』は過酷なシリーズですが、ライガー選手はどんな感想をお持ちですか?

いやあ、周囲が想像する以上だと思いますよ、ホンッットにキツイ！　僕が出たときは1週間くらいのシリーズでしたけど、それでも首やら股関節やらダメージが残って肩なんか亜脱臼したし、満身創痍でしたもん。それがいまは1か月近く全国を回っているわけで、本来ならいつ誰が戦線離脱してもおかしくないと思います。

――実際、近年の『G1』では途中欠場に追い込まれた選手もいました。

ヘビーの技はそれだけの重みもあるし、新日本の看板シリーズという部分で選手もプレッシャーを抱えてるから、自ずと戦いもヒートアップするというか。僕も世界中でプロレスをやらせてもらってますけど、あれだけ自分をすり減らすようなシリーズはちょっとほかにないですよね。個人的に『G1』に出場して〝vsヘビー級〟という部分で手応えと同時に、壁を感じたところもありました。これはいま、このキャリアになったから言えることですけど、ヘビー級というカテゴリーがそうやって高い壁として存在してくれたからこそ、いまの自分があるという部分を感じていて。

——いまの自分があるというのは？

仮にあの時期、僕が万が一IWGPヘビーを獲っていたとしても、その先がなかったと思うんですよ。ヘビーはそんなに甘いもんじゃないから、たとえベルトを腰に巻いても長く防衛することは難しかったでしょうし、のちのち自分がヘビーなのかジュニアなのか、宙ぶらりんな状態になってたんじゃないかなって。あくまでジュニアとして、どこまでヘビーに通用するかという前提があったからこそ、ここまでキャリアを積んでがんばってこられたんだと思いますね。ヘビーと戦うことで自分のレスリングの幅も広がりましたし、まさに『G1』というのは自分にとって〝vsヘビー級〟の総決算になるような大会でした。

## 全日本プロレスとの遭遇

――この2000年の『G1』最終戦では、全日本プロレスの渕正信《ふちまさのぶ》選手がリングに登場し、「壁をブチ破りにきました」と対抗戦をアピールしました。

あのときの渕さんは、なんか「大人のコメントだな」って思いましたね。リングを降りるときも「お騒がせしました」なんて言って、新日本のマイクアピールじゃ考えられない（笑）。そこからして昔ながらの新日本と全日本の団体のカラーの違いを感じました。

――この対抗戦に至る経緯としては、00年5月に三沢光晴《みさわみつはる》さんをはじめとする選手と社員が全日本を大量離脱し、6月にプロレスリング・ノアを設立。結果的に全日本には日本人選手では渕選手と川田利明《かわだとしあき》選手だけが残り、団体存続の危機も叫ばれましたが、それをはねのけるひとつの起爆剤として長らく関係性が途絶えていた新日本との対抗戦に乗り出して。ちなみにライガー選手はこの全日本の分裂自体は、どのようにご覧になっていましたか？

べつになんとも思わなかったですよ。新日本なんか何回も同じようなこと繰り返してきたし、僕はその渦中にいたんで。だから「ああ、全日本もそういう時期が来たか」くらいなもんで。ファンからすればインパクトが大きかったかもしれないですけど、僕は「大変だね。でも、なんとかなるんじゃない？」みたいな感じで見ていました。全日本という歴史ある看板があれば、自然に新しい選手も集まってくるとも思ったし。まあ、新日本側が分裂に関してどうこう言ったら、全日本の人からすれば「分裂ばっかのオマエらが言うなよ」って感じでしょうね（笑）。

**――新日本と全日本といえば両メジャーとして長らくライバル関係にありましたが、やはりライガー選手も意識する部分は大きかったのでは？**

それは昭和の時代からプロレスをやっている身からすれば、普通にありましたよ。全日本の選手が準備運動でスクワットをこれだけやっているって聞いたら「じゃあ、コッチはその倍やってやろう」とか、何かにつけて張り合っている部分があって。昔はプロレス大賞のパーティー会場なんかでも、自然と新日本勢と全日本勢でキッチリと線引きされていましたからね。やっぱり、アントニオ猪木さんとジャイアント馬場さんという絶対的な象徴がいた時代は、「アッチに負けるか！」っていう意地でお互いに切磋琢磨してきたからこそ、業界の盛り上がりにつながったんだと思います。

――そもそも、全日本の分裂は馬場さんが99年1月に逝去されたことが、大きな要因と言われています。

それだけ求心力のあるカリスマだったってことだし、全日本＝ジャイアント馬場ですよ。僕、自分のキャリアの中で本当に悔やんでいるのが「馬場さんにもプロレスを教えていただきたかったな」っていうことで。馳は猪木さんと馬場さん、その両方から教えを受けてるんですよね。ジャパンプロレス時代、全日本の練習にも参加することがあったみたいで。僕は人のことをあまり羨ましいとか思わないタチなんですけど、それに関しては馳をすごく羨ましく思いました。ほかにも全日本に上がっていたことがある小林邦昭さんや平田淳嗣《ひらたじゅんじ》さんからも、馬場さんのお話はいろいろと伺っていましたし。

――馬場さんと直接お会いしたことは？

ほんの数回、ご挨拶程度ですね。たまたま馬場さんが定宿にされていたキャピトルホテル東急の喫茶店で、奥さまやレフェリーの和田京平さんと一緒にいるところをお見かけしたときに「お疲れさまです、新日本の獣神サンダー・ライガーです」とお声をかけさせていただいたくらいで。僕は馬場・猪木世代なので、あのおふたりはプロレス界の神様みたいなものなんですよ。幸運にして猪木さんの付き人をやらせていただけたのは、自分の中で大きな財産になってますし。馬場さんもアメリカで〝ジョーヘイ・ババ〟として一世を風靡して、世界中のレスラーから尊敬を集めたかたですから、僕も〝王道プロレス〟と呼ばれるものがどういうものなのかをご本人から学びたかったですね。

――ライガー選手と〝王道プロレス〟の接点としては、全日本が01年1月28日に東京ドームで開催した『ジャイアント馬場3回忌追悼興行』で渕選手と対戦を果たしました。結果的にはライガー選手がラ・マヒストラルで勝利したものの、展開としては渕選手が攻める場面が目立ちました。

本来は〝攻めの新日本、受けの全日本〟が多くの人がイメージする両団体のファイトスタイルだと思うんですけど、渕さんはレスリングが上手なのに加えて、カール・ゴッチさんの教えを受けたこともあるって聞いていたので、その技術を体感してみたいっていうのはありました。でも、実際はそんな余裕がなくなるくらい追い込まれたという（苦笑）。まあ、僕はそれまで『スーパーJカップ』含め、何度か全日本さんにラブコールを送っていましたし、その全日本ジュニアの重鎮である渕さんと戦えたのはうれしかったですね。全日本マット、そして馬場さんの追悼興行に上がらせてもらえたのも感慨深いものがありました。

――全日本系の選手と戦うと、やはり新日本との違いを感じる部分はありましたか？

幾度となく全日本プロレスに団体の垣根を越えてラブコールを送っていたライガー。01年1月の全日本の東京ドーム大会では渕正信を通して"王道プロレス"を初体感した。

そうですね。〝王道〟というくらいですから、昔の全日本はアメリカから来たプロレスをそのまま日本でやっていたと思うんですよ。真面目なプロレスっていうのかな。それに対して新日本はある意味、猪木さんが本来のプロレスをブッ壊して、いわゆる〝ストロングスタイル〟と呼ばれるものを創り上げて。だから、長州さんたちがジャパンプロレスとして全日本に参戦したときに、ザ・ファンクスとかアメリカのレスラーたちが首をひねったって聞きますもんね。「こんな動き、プロレスのセオリーにないぞ？　新日本は何を教えてるんだ？」って（笑）。一言で表すのなら、猪木さんが〝鳴かぬなら殺してしまえホトトギス〟、馬場さんは〝鳴かぬなら鳴くまで待とうホトトギス〟ってことだと思います。

# Chapter.2

## 『スーパージュニア』全勝優勝

## 橋本一派の退団

――2001年3月、橋本真也選手がプロレスリングZERO-ONEを旗揚げしました。これは00年10月に橋本選手が新日本の団体内組織としてプロレスリングZEROの設立を宣言したものの、独断でノアと交流しようとしたことが問題となり、00年11月に解雇となったのが発端となります。そして、橋本選手は大谷晋二郎選手と高岩竜一《たかいわたつひと》選手を引き連れてZERO-ONEとして完全独立したわけですが、ライガー選手はこの流れをどう捉えていましたか?

僕はZERO-ONEに関して、よくは知らなかったんですよ。たぶん、そのZERO-ONE旗揚げ直前の2月の両国の控え室だったと思うんですけど、会社から選手全員に「大谷と高岩も新日本を辞めて、橋本についていく」っていう発表があったときに「ハッ? 何言ってんの?」って唖然としたくらいだったんで。選手のあいだでチラホラそういう噂は出ていましたけどちょっと唐突な感はありましたし、そのときは正直、会社に不信感が生まれました。当時の僕はジュニアに関してある程度任されていたのに、何も聞かされていなかったので。

――大谷選手と高岩選手はジュニア戦線の大きな人材でしたし。ライガー選手は橋本選手と親交が深かったですが、個人的に独立の話は聞いていなかったんですか？

たしかに橋本とは一緒にバカやる仲で家族ぐるみの付き合いもありましたけど、距離が近かったからこそ、そこまで込みいった仕事の話はしなかったというか。きっと、そういう関係性がお互いに心地よかったんでしょうね。これまでに橋本とはケンカをした覚えもないし。ただ、アイツはすぐ調子に乗るタチなんで、自分の奥さんのことなんかをウケ狙いでネタにしてたから「ブッチャー（橋本）、あんまり人前でヘンなこと言わないほうがいいよ。みんなが信じちゃって、奥さんに迷惑がかかるよ？」みたいなアドバイスはしてましたけど（笑）。一応、コッチも先輩ではあるので。

――よき兄貴分みたいな感じだったんですね。

90年代の後半だったと思うんですけど、橋本があるとき「ライガー、会社から呼び出し食らったよ」って面倒くさそうな顔してるんですよ。だから、僕も「わかった、一緒についていってやるよ」って言って。アイツは純粋ゆえに、その発言や行動で周りと衝突することがあったし、会社としても注意しないとってことだったんでしょうね。それで橋本と会議室に入ったら、猪木さんを含め会社の上層部のかたがたがいるわけですよ。そこで長州さんに「オマエは呼んでないぞ。関係ないから出てろ」って言われたんですけど、猪木さんが「いや、いい機会だからライガーもいて構わない」とおっしゃって。でも、僕は「いえ、たしかに長州さんの言われたとおりだと思いますので、外で待っています」と言って、席は外したんですけど。いま考えると、橋本が会社と選手をつなぐ選手会長を務めていた時期もありましたけど、それ自体よくやっていたと思うし、よくやらせたなっていう（苦笑）。

——橋本選手と長州さんが一時期、険悪な関係だったというのは知られていますよね。

橋本は橋本で、新日本を出たり入ったりする長州さんのことを「勝手なことばっかしてる」と捉えていて。そんな橋本を、現場を預かる長州さんは疎《うと》ましく思っていたのかもしれないし。だからこそ、あのふたりの試合は感情ムキ出しで白熱したのかもしれないですね。そういえば、大谷も長州さんと会場で大ゲンカをして、会社を辞める辞めないの騒ぎになったこともあったんですよ。

——00年の『ベスト・オブ・ザ・スーパージュニア』の開催中に、その年の7月の長州選手の現役復帰のほうが話題となり、それに対して大谷選手がメディアで異議を唱えたことが原因で揉めたそうですね。

あのときは僕のところに永島《ながしま》（勝司《かつじ》＝元・新日本のフロント）さんが走ってきて、「大谷が長州に『辞めろ』って言われて、出ていこうとしてるから止めてくれよ！」って頼まれて。それで大谷のところに行ったら、泣きじゃくりながら「もう、辞めます。今日の試合も出ません」って言うから「オマエを観にきているファンもいるんだから今日は出なさい。明日からどうするかは、そのあとに考えればいい」って説得して。で、高岩に関しても、長州さんに若手の頃によく「辞めろ」って言われてたんで、そういう意味では当時ZERO‐ONEに行ったメンバーにはある種、共通点があるかもしれないですね。

## 00年代初期のニューカマー

――この時期のジュニア戦線に目を向けると、ライガー選手は01年の『ベスト・オブ・ザ・スーパージュニア』に2年ぶりに参戦。「新世紀に初心に戻る」ということで赤白のコスチュームに身を包み、大会史上初の全勝優勝を飾りました。

その頃はきっと、プロレスができる喜びというのをヒシヒシと感じていた時期だったんじゃないかな。当時、選手の退団や総合格闘技ブームとか新日本に向かい風が吹きはじめた時期でしたけど、僕は大好きなプロレスがやりたくてこの世界に入っているので、そういう部分でジュニアは外野の雑音にそんなにさらされることなく、純粋に戦いを繰り広げることができたというか。

――00年代前半は大谷選手や高岩選手、ケンドー・カシン選手が新日本を去り、ニューカマーとして他団体の選手がジュニア戦線に加わりました。FMWを離脱以降、インディーマットで活動していた邪道選手と外道選手も01年6月から新日本に参戦するようになりましたが、どのように見ていましたか？

いろいろと勉強させられることがありましたよ。多くの団体を腕一本で渡り歩いてきたというところで、僕たちとは違うたくましさと貪欲さを感じましたし。この世界で生き抜くために、自分たちはどう立ち回ればいいのか。それがタッグ屋を貫いているところや、一時期絞りまくっていた肉体改造だと思うんですよ。チームとしての完成度は世界屈指だし。

――あのおふたりはタッグ屋の哲学として「1＋1は2にしかならない。でも、俺たちは相手チームを2じゃなくて1にするんだ」とおっしゃっていて。

へえ、洒落たこと言うなあ。でも、僕は彼らのレスリングは1＋1を4や5にするレスリングだと思いますよ。お互いに相棒が何してほしいかわかるから、結果的にふたり分以上の役割を

01年には2年ぶりに『スーパージュニア』に参戦。公式戦無敗で優勝決定戦に進むと、当時IWGPジュニアヘビー級王者だった稔を下し、前人未踏の全勝優勝を飾った。

果たしているというか。試合をしていても、多くのタッグは言葉を交わしたり、何かしら合図を出したりするものなのに、邪道外道に関してはそういう部分が見られないですからね。せいぜいアイコンタクトくらいで。他団体からウチに移籍する選手は珍しくないし、とくにジュニアは多いですけど、ずっと定着する選手って意外といないんですよ。「新日本のアレが合わない」って辞めてく人もいたけど、彼らは20年近く上がり続けているわけで、それが何よりの実力の証明だと思います。

――ほかにも01年から元リングスの成瀬昌由《なるせまさゆき》選手や元ＵＷＦインターナショナルの垣原賢人《かきはらまさひと》選手もジュニア戦線の輪に加わりました。

そのふたりは上井《うわい》（文彦《ふみひこ》＝元・新日本のフロント）さんが声をかけたんじゃないかな。当時の時代背景として新日本は格闘技路線というのもありましたし、そういうものを感じさせるような試合ができて、なおかつプロレスが好きだっていう気持ちを持っている選手を引き入れて。でも、成瀬くんも垣原くんも最初は苦労していたイメージはあります。そこから周囲のアドバイスを聞いて、彼らは彼らでキャリアの中で培った技術を新日本の戦いに徐々に融合させていって。ここがプロレスの難しいところなんですけど、ただ強ければいいってわけじゃないですからね。猪木さ

01年7月の札幌ドームでは、当時エル・サムライと保持していたIWGPジュニアタッグを賭けて邪道&外道と対戦。クセ者タッグに初挑戦初奪取を許してしまう。

んがよく「いいか、レスラーはバカじゃできないんだからな」って言ってましたけど。

――プロとして魅せる部分が重要ということですよね。

そうそう。昔、長嶋茂雄さんが鏡の前で三振したときにどんなポーズを取れば見栄えがいいかってことで、ヘルメットを飛ばす練習をしてたらしいんですよ。普通だったら、どうやったら打てるかだけを考えればいいのに、そこがミスターは違うんでしょうね。空振りひとつにしろ、お客さんを楽しませるにはどうしたらいいのか研究していたっていう。人前に立つ仕事をやっているのなら、常に魅せることは考えないと。そういう部分で垣原くんや成瀬くんも試行錯誤しながら、新日本の戦いに溶け込んでいったと思います。垣原くんなんかはとくに真面目で純粋な印象がありますよ。

――垣原選手は引退後に悪性リンパ腫に侵されていましたが、その後はリング復帰も果たして。

いやあ、すごいことですよ！　一時期は命の危険さえあるステージ4まで進行したのに、そこを這い上がってきたわけですから。ほかにも藤原（喜明）さんや西村（修）もガンを乗り越えてますよね。小林（邦明）さんもガンで何回も手術されているのに、いまだに筋トレをガンガンやってますけど、プロレスラーって不死身なんだなってコッチが励まされますよ。

──この00年代前半のジュニア戦線は、ライガー選手や金本浩二選手が結託し、他団体から新日本に加わったタイガー選手、垣原選手、成瀬選手たちに対して壁になるという図式でした。

他団体からいい選手が集まってきて、またジュニアが盛り上がってきた中でも生え抜きとしては「やっぱり、新日本育ちはすごい」っていうのを、彼らにもファンにも見せたかったっていうのはありましたから。僕は団体とか関係なく「いいものはいい」っていう発想の人間ですけど、それと同時に「でも、新日本育ちとして絶対に負けられない」っていう意地と、新日本に対する愛情は誰にも負けないっていう気持ちは持ってましたね。

## 獣神が見た第三世代

──ライガー選手は00年に引き続き、01年の『G1』にも参戦を果たします。このときは小島聡選手に勝利を収め、西村修選手と時間切れ引き分け、そして天山広吉選手に敗北を喫しました。優勝は永田裕志選手が成し遂げ、まさに00年前後は第三世代と呼ばれるメンバーがトップ戦線に食い込んできた時期というか。

あの世代はほかにも中西（学）、大谷、高岩、カシンなんかがいて豊作でしたね。新日本はいつの時代も、誰が抜けてもその穴を埋められるような次の世代の人間が育つのが強みだし、だからこそ業界のトップランナーでいられるというか。しかし、いま思うと第三世代は個性派揃いだったなあ（笑）。

――天山選手は若手時代、ライガー選手と橋本さんのいたずらの標的になっていたことで有名ですけど、空気銃で仕留めたスズメを食べさせられたり、手足を縛って浣腸されそうになったりしたそうですね（笑）。

そういうのは橋本なんですよ！　僕がやったのは道場の改装で余った白いペンキを、天山の顔とか上半身に塗りたくって犬の散歩に行かせただけ（笑）。まあ、天ちゃんは愛されキャラなんですよ。やることがとにかくズッコケてたから（笑）。

――ライガー選手が天山選手に買い物で瞬間接着剤を頼んだら『週刊新潮』を買ってきたっていう話がありましたよね（笑）。

すごい聞き間違いだよなあ（笑）。あと、自分がちゃんこ当番だった日を勘違いして帰省しちゃって、当時の寮長だった小原《おはら》（道由《みちよし》）に「すぐ戻ってこい！」って言われたら、京都からタクシーを飛ばして次の日の昼に帰ってきたんですよ。だったら、その日の朝一で新幹線に乗るのと変わらないだろっていう（笑）。

01年の『G1』では第三世代の雄たちとしのぎを削った。いまや新日本の重鎮である天山だが、ライガーにかかれば若手時代の爆笑エピソードの宝庫となる。

――タクシー代がすごいことになりそうですね（苦笑）。

10万とかじゃ利かないでしょう（笑）。コジ（小島）は社会人を経験してから新日本に入ったっていうのもあるし、横にそんな天山がいるからしっかりしているように見えましたね（笑）。普段は物腰柔らかくて丁寧で。永田はご両親が教育者っていうしっかりした家柄だし、大学のバリバリの体育会系でやってきた人間なんで、若手時代から要領がよかったというか。西村は独特なヤツだったなあ。彼が入ってきたときはあまりに細いし、いかにも坊ちゃんみたいな風貌だったんですぐに辞めると思ったんですよ。そうしたら、えらい頑張り屋で。試合にしろなんにしろ、良くも悪くもこだわりがあって、長州さんともぶつかってましたよね。

――帰国要請を断って海外にとどまったり、「自分がガンになったのは長州のせいだ」と言ったり、西村選手の長州さん嫌いは有名ですね。

あのキャリアで長州さんとぶつかって、自分の我《が》を通したのは「西村、スゲー！」って思いますよ。〝無我〟なのに、じつは一番我が強い（笑）。

――中西選手はレスリングで五輪にも出場したアスリートでしたが、不器用と言われていた印象があります。

ＩＷＧＰヘビーのベルトを巻くのも時間かかりましたよね。いま思えば、あれだけの身体があるんだからそれを活かすことだけを考えればよかったんですけど。基礎を押さえつつ、あのズバ抜けた個性を伸ばすことさえ考えればもっと早い段階で爆発してたかもしれないですね。最近思うのは、そういう教え方をするのがコーチの役目かなって。

――中西選手も〝野人〟と言われるだけあって、何かと規格外というか（笑）。

彼に関してても武勇伝がいろいろあるんですけど、ものすごくデリケートでピュアな人間だから、あんまりネタにするとかわいそうなんで（笑）。まあ、〝野人〟そのままって感じですよ。最近もスポンサーの人が寮に大きな水蛸を送ってきて、中西が「ライガーさん、タコを料理したんで食べてください！」って言うんですけど、メチャクチャ硬いんですよ。「これ、茹でる前に叩いた？タコは筋組織を潰さないと硬くて食えないよ」って言ったら、「え、そうなんですか？」ってまるでピンときてなくて（苦笑）。たぶん、塩で揉んでぬめりを取ったりもしてなかったんだろうな。彼はけっこう、築地に行ってサーモンを丸々一匹買ったりしてるんですけど「どんな食べ方してんだろう、頭から丸かじりしてんじゃないのか？」って思いますね（笑）。

## 巨漢レスラーとの秘話

――2001年11月、ライガー選手はエル・サムライ選手と『G1ジュニアタッグリーグ戦』で優勝を果たし、その直後にはヘビー級の『G1タッグリーグ戦』に西村選手と出場しました。また、10月には武藤敬司選手とのタッグで藤波&西村組のIWGPタッグに挑戦するなど、階級を超えて縦横無尽に活躍していたわけですが、自分の中で切り替えるのは難しくなかったですか?

とくに問題はなかったですよ。そもそも僕はジュニアの中でもタッパがないし、誰が相手でも自分よりデカいんで(笑)。まあ、ジュニアとの試合はうまくやれるけど、ヘビーとはできないっていうんじゃ、階級を超えてケンカを売った身として話にならないので。

――ライガー選手はヘビー級相手でも力で対抗できたというか、巨漢の高山善廣《たかやまよしひろ》選手や吉江豊《よしえゆたか》選手を垂直落下式ブレーンバスターで投げきっていましたね。

そこはもう、山本小鉄さんの「オマエは小さいんだから、横をデカくしろ」っていう教えの賜物ですよ。あとは藤原さんに「背のデカいヤツでも寝かせたら一緒だよ」って言われたのも、ヘ

IWGPタッグにはこれまで3度にわたって挑戦。01年10月には武藤と人気者タッグを結成し、藤波辰爾&西村修組の無我師弟コンビに挑んだ。

ビーで戦ううえで指針になったというか。『G1タッグ』は何回か出てるんですけど、その西村と組んだときのことは印象が強いですね。

――戦績は3勝4敗で、天山&小島組やスコット・ノートン&スーパーJ組、蝶野&ジャイアント・シルバ組に勝っています。

僕が試合をかき乱して、スキをついて西村が丸め込むっていうパターンがわりとハマッたんですよね。シルバなんか2メートル30センチくらいだったんで、自分の目の前に相手のヘソがあって(苦笑)。でも、逆に足元に潜り込めば向こうは捕まえるのに苦労してイライラするわけで。ケタ外れの身体の相手とは頭を使って戦うのがおもしろかったですよ。

――大型の選手で思い出深いレスラーというと?

やっぱり、若手時代に控え室に行くたび、「ワインを飲め」って言ってくれたアンドレ・ザ・ジャイアントさんですかね。そういえばウチのカミさん、アンドレさんが飲むお酒を買いに行ってたんですよ。カミさんは学生の頃、会場で顔見知りの新日本のスタッフに「ゴメン、アンドレが『酒がないぞ』って騒いでるから買ってきてくれない?」って頼まれることがあったみたいで。夫婦揃って、アンドレさんと酒にまつわるエピソードを持っているっていう(笑)。たぶん、僕が関わったレスラーで背が一番でかかったのはエル・ヒガンテだと思うんですけど、彼はアルゼンチン出身で英語があんまりだったのか、タッグを組んでもそんなに打ち解けてワイワイって感じではなかったですね。

――では、ライガー選手が戦ったヘビー級の中で一番重さや圧力を感じた選手は？

ひとり挙げるとするならビッグバン・ベイダーかな。ライガーになってからわりと早い段階にタッグで当たってるんですけど、ベイダーはあの身体でガンガン動けて、厄介な選手でしたよ。あとはスコット・ノートンもすごかったですけどね。全盛期はいまのマイケル・エルガンを一回り大きくしたみたいな体格をしていて。決して器用な選手じゃないんですけど、この世界でのし上がっていこうっていう気迫がありましたよ。よくケガもしていたのに試合は休まなくて。外国人だと「ここが痛くて出られない」っていう選手もいたんですけど、ノートンはプロレスに関してストイックだったイメージですね。だから、新日本でも長いこと活躍できたんでしょうし。

――17年の1・4東京ドームで11年ぶりに姿を見せましたね。

相変わらず陽気で明るかったですね、奥さんと一緒に来て。でも、僕はアメリカの団体の会場やサイン会で会ってるんで、そんなにひさしぶりでもないんですよ。その頃はたしか、メルセデスの販売の仕事をやってたかな。（タイガー）服部さんが「ユー、メルセデスなんかに乗ってるのか？」って言ったら、「俺はあんな高い車に乗らないよ、トラックじゃないと身体が入らない」とか言ってましたけど（笑）。

## プロレスと総合格闘技

――01年1月には武藤選手が小島選手、カシン選手や5人の社員と共に新日本を退団し、全日本に移籍しました。このときの流れを、ライガー選手はどのように受け止めていましたか？

巷で言われるように、当時の猪木さんが格闘技路線を推し進めていたことに対して、武藤も「この会社でやることねえや、頭打ちだな」って思ったんじゃないかな。そこには自分なりの野望もあったんだろうし。それで人気のあったコジに声をかけて。カシンがなんで移ったのかはわからないなあ。おそらく、中西がイヤで新日本を出ていったんじゃないかと思います（笑）。どっちかっていうと中西のほうは相手にしてなかったですけど、カシンは会場の「東西南北」の案内板の「西」の上に、「中」っていう字を大きく書いた紙を貼ったりして、「芸が細かいね」って言いたくなるくらいイジッてばかりいたんで（笑）。

――不思議な関係性ですね（笑）。この時期は新日本の屋台骨を支えていた闘魂三銃士のふたりが抜け、まさに混迷期でした。

これはもう時効だと思うので話しますけど、橋本が会社とうまくいってない時期に本人に「もし、新日本を飛び出すことを考えているなら、ひとりじゃなくて三銃士でまとめて動かなきゃダメだよ」って言ったことがあるんです。やっぱり、闘魂三銃士っていうのはブランドですから。結局、みんなバラバラになったし、3人だったら成功していたとはかぎらないですけど、おもしろいものが生まれていたかもしれないですね。

――この武藤選手たちの離脱直後、02年2月1日の札幌中島体育センター大会の試合後に蝶野選手が猪木さんをリング上に呼び込み、いわゆる〝猪木問答〟が展開されました。当時、主力選手が抱えていた不満を猪木さんが聞き出したわけですが、あのときライガー選手はリングに上がりませんでしたよね。

僕は冷めた目で見てましたよ。「いまさらそんなことをファンの前で話して、何か解決するの？」って。あの頃は長州さんが現場監督から外されるわ、猪木さんは総合格闘技のイベントとベッタリだわ、団体内が揺らいでましたね。きっと、猪木さんが格闘技路線を進めたのも向こうのブームに乗っかって、新日本の名をさらに知らしめようっていうことだとは思うんですよ。新日本の歴史を見ても〝キング・オブ・スポーツ〟を旗印に、異種格闘技戦をやってきているわけだし。ただ、猪木さんの誤算というか、僕たちは道場で関節の極め合いはやっていても、打撃に関して備えがなかった。新日本のレスラーがアッチの舞台に出ていって厳しい結果になったときは悔しかったですけど、それと同時に「付け焼刃でかなうわけがない。その練習を怠ったコッチのミスだ」って素直に思いましたよ。

――総合にプロレスが踏み台にされたというか。

プロレスと総合格闘技は似て非なるものなんで、もっとみんなプロレスというものに自信を持てばよかったんですけどね。そもそも、プロレスとはなんぞやってなったときに、昔は地味な極め合いっこだったものが「こうしたらおもしろい、ああしたらおもしろい」っていう知恵が集まって、いまのかたちになっていったらしくて。そういう部分で僕は総合格闘技に対してUWFに感じた思いと似ているというか、「膠着状態を観ておもしろい？」っていう気持ちはありました。いずれ、この熱も冷めていくだろうなって。当時、総合格闘技に駆り出されるのはヘビー級の選手が多かったたし、僕はジュニアだったので、そのあたりは冷静に捉えていたと思います。

――この格闘技ブームと同時期、関係者によるいわゆる暴露本が世に出て、基本的に多くの団体が黙殺という雰囲気でしたが、当時の心境は？

そこに書かれていることが本当なのかどうかっていうことよりも、これをファンの人はどう受け止めるのかっていうのは正直気になりました。でも、会社に何か問い合わせが来るっていうことも、ほとんどなかったらしいですよ。まあ、あの当時の新日本プロレスは総合ブームとか暴露本とか、いろんなものに左右されすぎましたよ。それで団体内に非常ベルが鳴っているのに、みんな気づかなくて。で、気づいたときにはちょっと手遅れだった（苦笑）。昔、馬場さんの言葉で「シューティングを超えたものがプロレスである」とか「みんなが格闘技に走るのでプロレスを独占します」っていう名言がありましたけど、僕は本当にそのとおりだと思いますね。

# Chapter.3

# パンクラスで鈴木みのると激突

## プロレスリング・ノアと開戦

――02年になると、プロレスリング・ノアとの対抗戦がジュニア戦線でもはじまりました。当時のプロレス界の二大メジャーの激突ということで注目が集まりましたが、経緯としては02年1月にノアの後楽園大会にライガー選手と稔《みのる》選手が来場し、「いつでもやってやる！」と宣戦布告したことが発端となりました。

あのときは直前の1・4東京ドームで、永田が秋山《あきやま》（準《じゅん》）選手のGHCヘビーに挑んで負けて、自分の中で火が着いたんですよね。他団体に負けてなるものかっていうのが闘魂の根本だと思いますし。それでノアに乗り込んだら、向こうのジュニアのチャンピオンだった丸藤《まるふじ》（正道《なおみち》）選手が落ち着いたトーンで「ノアのジュニアは最強です」ってアピールしてきたんで、余計に「ふざけんじゃねえぞ！」ってなって。

――対抗戦を繰り広げる中、02年8月にライガー選手は稔選手と保持していたIWGPジュニアタッグを菊《きく》地《ち》毅《つよし》&金丸《かねまる》義信《よしのぶ》組に奪われます。しかし、翌03年1月に今度は金本選手との新日本のジュニア最強タッグでベルトを奪還して。

02年1月20日、稔と共にノアのマットに乗り込んだライガー。丸藤が握手を求めるも、それを拒否した。

僕も気が短いですけど、金本もケンカっ早いんで対抗戦向きでしたよね。そんな僕たちに対してノアファンがすごいブーイングを浴びせてくるもんだから、コッチもさらにエキサイトするというか。ノアの会場はすごく純粋なファンの人たちが集まっているなって思いましたよ。「俺たちはノアを愛してるんだ！　ノアを育てて来たのは俺たちなんだ！」っていう気持ちが強くて、僕らに対して「オマエら何しに来たんだ!?　必要ねえんだよ！」っていうのがブーイングに表れていて（苦笑）。逆に新日本のファンっていうのは、わりとおもしろければなんでもいいみたいなところがあるというか、外敵でもいい試合をしたら「ウォー！　スゲー！」って反応なんですけど。

——新日本では歓声を受けている自分が、敵地のリングでブーイングを浴びるのはどんな気持ちでしたか？

気持ちよかった！　その頃はまだずっとベビーでやってきてたんで、「ウワッ、これがブーイングか！　気持ちいいやん！」って本当に思いましたから（笑）。全然、イヤな気持ちにならなかったし、アレは新しい快感だったなあ。

——当時のノアジュニアの中でとくに印象に残ったのは？

やっぱり丸藤選手ですかね。いわゆる天才型で運動神経に加えて機転が利くから、変幻自在で

02年8月、IWGPジュニアタッグを賭けて菊地毅&金丸義信組を新日本マットで迎撃するも惜敗。ベルトの他団体流出に怒りをあらわにし、のちに金本とノアマットに乗り込む。

手強かったです。KENTA選手（現WWEのイタミ・ヒデオ）は相手を潰しにかかるというか、どちらかといえば新日本の匂いがする選手でしたけど、丸藤選手は相手に合わせながら自分のペースに持ち込む全日本らしさを感じさせて。新日本の『G1』にも参戦してましたけど、体格差を補うだけの技術を持ってますよね。同じノア出身で、いまウチに上がっているザック（・セイバーJr.）もそんな感じですけど。

――ノアは全日本の流れを汲む団体という部分で、やはり新日本とのスタイルの違いは感じましたか？

以前、小川《おがわ》（良成《よしなり》）選手が若い選手に技術を教えてるのを見てたんですけど、やっぱり新日本とは違うんですよ。「同じプロレスでもこんなに変わるもんなんだな」って興味深く感じました。基本から微妙に違って、基本が違うとそれが試合では大きな違いになってきますから、戦っていて「あれ？」って感じる部分もあったし。そういうせめぎ合いや、ファンの反応を含め、ノアとの戦いは新鮮な気持ちを味わうことができましたね。

## 新日本の狂った季節

――02年5月には長州選手が痛烈な猪木批判と共に新日本を退団し、03年3月にWJプロレスを旗揚げしました。

でも、いまは長州さんと猪木さんも普通に交流はあるみたいですし、あのへんの上の人たちの人間関係が僕にはよくわからないんですよね。つかず離れずというか。これはある先輩が言ってたんですけど、猪木さんが主催したパーティーにいろんな人が来ていて、長州さんでも前田（日明）さんでも猪木さんの前だと直立不動になるらしいんですよ。僕も新日本に入って34年になりますけど、それでも理解できないような絆や入り込めない関係性が、あの人たちのあいだにはあるんでしょうね。猪木さんに対して批判めいたことを言おうが、いざ本人を目の前にしたら新日本に入った頃の気持ちを思い出すのかもしれないし。

――ライガー選手ぐらいの世代と、また少し猪木さんとの関係性が違うのかもしれませんね。

そうですね、僕が入った時期だと猪木さんもちょっと柔らかくなられていたかもしれないです。

第1回IWGPの頃になるので、猪木さんも40代になられて糖尿病を煩《わずら》われていて。まあ、長州さんが猪木さんをボロクソに言って辞めていったときは「頼むからそんな揉め事を現場に持ち込まないでくれ」とは思いましたよ。立つ鳥跡を濁すというか。

――ライガー選手としては現場の選手がんばっているのに、そういう話題に注目が集まることに忸怩《じくじ》たる思いがあった、と。

あの頃はリング上とは関係のない、プロレスのスキャンダラスな部分を扱った本も多かったですけど「これ、ファンは本当に望んでるの？」って思ってましたからね。そりゃ、少しは助平心で興味あるかもしれないけど「また、こんな話題か」って辟易《へきえき》している人たちも多かったんじゃないかなって。結果、プロレスに愛想をつかした人たちもいるでしょうし。いま振り返ると、つくづく「あの頃ってなんだったんだろ？」って思いますよ。新日本の何かが狂ってたんでしょうね。リングを降りたときの自分が一番カリカリしていた時期だったんじゃないかな。まあ、僕の場合はそうなったら陰でグチグチ言うのはイヤだから、直接本人に言っちゃって揉めたりもしましたけど。猪木さんが選手全員集めて「文句あるヤツは手を挙げろ！」って言ったら、挙げたのが僕とケロさん（田中秀和《たなかひでかず》＝元・新日本リングアナ）だけだったとか（苦笑）。

――この長州さんが退団されるときには、猪木さんが02年4月に立ち上げたロス道場が槍玉に挙がりました。

たしかに当時は「もっと金を使うところがあるだろう」とか「あの道場を通して金を動かしてる」とかいろんな人が言ってましたよ。でも、ロス道場はロッキー・ロメロやカール・アンダーソンやデヴィちゃん（プリンス・デヴィット）、あとはダニエル・ブライアン（のちにWWE世界ヘビー級王座を獲得）とか優秀な人材を輩出してますからね。昔、全日本はNWA系の名前のある外国人レスラーを呼んでましたけど、新日本はタイガー・ジェット・シンとか無名の選手を発掘してきたり、留学生をたくさん受け入れたりと、もともと外国人を育てるのは得意というか。

――ライガー選手もロス道場に特別講師として行ったことがありましたよね？

サイモン猪木さんに誘われて行きました。まだ、髪があった頃のアンダーソンがいたような気がします（笑）。アンダーソンなんか、当時は泊まるところがないからリング上で寝泊まりしていたって聞きましたよ。猪木さんのほかの事業じゃないですけど、相変わらず考えが5年から10年早くてロス道場も周りに理解されなかったのかもしれないですね。

――その猪木さんの〝近衛軍団〟として、この年の8月には真の〝闘魂継承〟を謳《うた》った魔界倶楽部が誕生しました。総裁を勤めた星野勘太郎《ほしのかんたろう》さんの「ビッシビシいくぞ！」という言葉もブームになりましたが、ライガー選手の印象は？

正直、あんまり好きじゃなかったです。というのは、魔界倶楽部のメンバーは村上《むらかみ》（和成《かずなり》）選手や柳澤《やなぎさわ》（龍志《りゅうし》）選手とか格闘技の素養があるのはわかるんですけど、「じゃあ、プロレスできるの？」っていう気持ちもあって。当時は格闘技系の選手がわりと新日本に上がっていましたけど、その一部に対しては「プロレスできない人間が、なんでそんな大きな顔してドカドカ土足で歩き回るの？　それをなんで周りも納得してたんだろ？」って思ってましたし。まあ、当時のブッカーだった上井さんが格闘技路線に積極的だったからなんですけど、プロレスをやるために新日本に入った人間からすると腑に落ちないところはありましたね。

——たしかに格闘技出身の選手が、メイン級のカードに名を連ねることが珍しくなかったですね。

最近、ホリエモンさん（堀江貴文）が「寿司職人が長い時間をかけて修行するのはバカらしい」って発言をして物議を醸してましたけど、個人的にその意見は「どうなんだろう？」って思うんですよ、急がば回れっていう言葉もありますし。僕、ガレージキットをやってるから感じるんですけど、やっぱりこだわって作れば作るほどそれに魂が込もるような気がするんですよね。ホリエモンさんみたいに頭のいい人には笑われるかもしれないですけど、合理的なことばかり考えても、厚みがなくなる気がするというか。

――魔界倶楽部にもそれと似たようなものを感じた、と。

ヤス（安田忠夫《やすだただお》＝魔界倶楽部の中心人物）も総合のリングで名前を上げた人間じゃないですか？ たしかに総合をバネにして、ＩＷＧＰヘビーまでたどり着いたのはすごいんですけど、プロレスはどうだったかっていったら僕は疑問符がつくし。べつに僕はヤスのことは嫌いじゃないんですよ、愛嬌があって憎めないヤツだったし。ただ、ナマクラだから長州さんには目の敵にされてましたけど。

――魔界倶楽部と結託したレスラーの中には、ＷＷＥで女性ながら男と試合をしていたジョーニー・ローラーもいて、実際に新日本マットでも試合を行ないました。

僕もタッグで対戦してますけど、彼女に関しても猪木さんが早すぎたのか、なんなのか（苦笑）。彼女の世界的な知名度を利用しようとしたんでしょうけど、当時のウチのリングには男と女が対等に試合をすることを受け入れる土壌がなかったと思いますよ。たしかにジョーニーも身体は鍛えてましたけど、やっぱり男女の差はあるし、男としては本能的な部分で手加減せざるを得ないというか。それはお客さんにも伝わっちゃいますよね。新日本で日本人が女性と試合をしていたなんて、まさに混沌としていた証拠ですよ。

## 「新日本は逃げない、俺がやる」

――その混沌とした中で、ライガー選手は02年11月30日にパンクラスのリングで鈴木みのる選手と対戦します。当初は鈴木選手と佐々木健介選手がバーリ・トゥード・ルールで対戦する予定だったのが、健介選手が足のケガを理由にこのカードを辞退。その代役をライガー選手が務めることになりました。ただ、健介選手の欠場に関しては、真相は別のところにあったようですね。

あれは会社の勇み足もあったんですよ。若い頃に前座でやりあってた鈴木と健介が「いつかまた試合をやろう」っていう約束をしていて。それを知った会社が健介に相談もなく、パンクラス側と話を進めていって、それを知った本人が「そんな話聞いてねえよ」ってなって。健介がそう思うのも当然だとは思うんですよ。相手のリングに上がるのであれば、向こうのルールに対する準備も必要になるし、健介も昔とは立場も違って守るものもできたし、いろいろ思うところがあっ

WWEではチャイナのリングネームで活躍したジョーニー・ローラーとも対峙。試合巧者のライガーと言えども、女性相手の試合には戸惑いを感じた模様。

たんでしょうね。

――純粋な気持ちで鈴木選手と向かい合いたかったのが、健介選手の知らないところで新日本vsパンクラスの対抗戦としてほかのカード（稔vs美濃輪育久《みのわいくひさ》、鈴木健想《すずきけんそう》vs謙吾《けんご》）が企画されたこともあり、会社への不信感が募ったようですね。そこで健介選手の代役として、ライガー選手がかつての弟分であった鈴木選手との対戦に名乗りを挙げた、と。

名乗りを挙げたっていうか、当時の僕はジュニアの責任者みたいな立場でしたから、わりと上井さんと話をする機会があって。その中で上井さんが「パンクラスに今後、顔が立たなくなるから困ってるんだけど、どうしたらいいかな？　ライガー、やってくれない？」って、さりげない感じで聞かれたんですよ。それで僕は「いいよ、それで丸く収まるなら」って答えて。「え、本当にいいの？」「だって、どうにもならないでしょ？」っていうやりとりがあったんです。

――上井さんとしてはライガー選手にスンナリと受けてもらえると思ってなかったのかもしれないですね。しかし、この一戦はライガー選手と上井さんがパンクラス事務所まで挨拶に行って話がまとまった後日、また健介さんが「俺がやる」と発言をして二転三転しました。

僕、健介に言ったんですよ。「健介がやりたいなら出たほうがいいよ。逃げたって見えるかもしれないし」って。そうしたら健介も「やるよ、俺」って答えたんです。それで上井さんがパンクラスさんにもう一度連絡をしたんですけど、「もう、大会期日も迫っていてポスターやパンフも準備していますし、直前でカード変更になると鈴木の気持ちの問題もあるので、今回はライガーさんで」ということで話が収まって。だから、大会の日程によっては僕と鈴木の試合は実現してなかったかもしれないですね。

――このときに鈴木選手は、ライガー選手に「おまえは健介が逃げたと思うだろ？　それは新日本が逃げたってことになるんだよ。俺はそれを絶対に許さない、俺がやる」と言われて男気を感じたそうです。

そんなカッコイイこと言ったんだ（苦笑）。でも、「とにかくなんとか丸く収めなきゃ」っていうのが第一だったんですよ。これ以上長引かせてもいいようにならないし、上井さんも本当に困ってましたからね。あの人の中で「鈴木とライガーの試合だったら、パンクラスさんもお客さんも納得するかも」っていう考えがあったのかもしれないし。

――ライガー選手にとって鈴木選手は船木選手と並んで身近な後輩ですし、そのふたりが作ったリングだから上がるという特別な思いは？

う～ん、後付けで美談にすることはできますけど、試合前はそういうことを考える余裕もなかったかな。時間がない中で試合の準備もしなきゃいけないし。そもそも、僕は新日本のレスラーが総合をやることに一番反対していた人間なんですけどね（苦笑）。

——ライガー選手は新日本のシリーズに参戦しながら、鈴木戦に備えて総合格闘技用のトレーニングを積んだそうですね。

そのときは成瀬くんとか、そういう形式の試合をやったことがある選手がいたんで付き合ってもらって。でも、打撃を練習する時間が全然なくて、僕のほうから「付け焼刃で打撃のスキルを身に付けるくらいなら、徹底的に寝技をやろう」って言っちゃったんですよね。いま思えばそれは作戦ミスだったと思うし、「少しでも目を慣らすために打撃の特訓をしよう」って言えばよかったんですけど、顔面をケガして新日本のシリーズに穴をあけるわけにもいかないし、そういうことも加味した上で寝技に重点を置いて。

——パンクラス参戦まで1か月ない中、さらにシリーズをこなすというのは、いま考えるとかなり無茶ですよね。

決してナメていたわけじゃないですけど、当時はプロレスラーが巡業をこなしながら総合の試合に備えるのが、当然のような時代だったんですよね。

――実際にリングで鈴木選手と向かい合ってみていかがでしたか？

独特の緊張感がありました。でも、あのときはセコンドに成瀬くんと矢野（通）がついてくれて、ガチガチに固くなったとかはなかったんですけどね。ただ、コールをされたときに場内がすごく盛り上がったんで、なんかスイッチが入っちゃって（苦笑）。ゴングが鳴った直後に浴びせ蹴りを出したんですけど、作戦プランにはなかったですから。そういうところは鈴木も百戦錬磨というか、一瞬のスキも見逃さなくサッとかわしたら、そのままマウントを取られちゃって。僕としては面食らって「ああ、どうしようかな」って思ったのが正直なところでした。

――あのときに鈴木選手はライガー選手との試合を楽しむように、笑いながらパンチを振り下ろしました。その攻防の中、鈴木選手が「（戦っているのが）夢みたいです」と語りかけたら、ライガー選手も「俺もそう思う」と返したそうで。

その瞬間のことは覚えてないですけど、「よし、ドンドン打ってこい！」っていう気持ちは持っていました。結局、打撃から逃げようと身体を引っくり返したところをスリーパーに取られて負けましたけど、リング上で鈴木に「おもしれえな！」って言った記憶があるんですよ。実際、あの刺激はクセになるなって思いました。

――試合が終わって、何か思うことはありましたか？

控え室に船木が「お疲れさまでした」って挨拶をしにきてくれたんですよ。でも、鈴木も船木も青春時代を共に過ごした仲ですけど、この試合が実現した事情も事情だし、終わった次の日は新日本で試合だったんで、感慨にふけるみたいなことはなかったですね。ただ、新日本に帰ってきたときに周りのレスラーや外国人選手たちが労《ねぎら》ってくれましたけど。

――あの試合後、リング上で鈴木選手に「ちょっとだけ錆《さ》びてましたね。でも、やっぱりアンタはサイコーだよ！」と呼びかけられたライガー選手は、「もう一回やろう、このままで済むか！　すぐやったらこんな目に遭っちまうから2年後。次はブチ殺してやる！」とアピールをして。

まあ、あのルールで10年近くやってる選手に、半年そこら練習して通用するほど甘い世界じゃないですから、最低限ということで2年っていう言葉が出てきたんですけどね。で、この頃から柔術を習いはじめるんですよ。やっぱり、会社やファンにも申し訳なかったし、すごく悔しくて自分に納得がいかなくて。そうしたら、福岡の知り合いが「柔術を練習できるところがあるのでやってみませんか？」と誘ってくれて、グレイシー柔術を学ばれていた神田武先生というかたに習いはじめたんです。最初は市民体育館に畳を敷いて活動してたんですけど、のちに「アクシス

02年11月30日、パンクラスのマットに初参戦。鈴木みのるに対し、開始のゴングと同時に不意打ちのように浴びせ蹴りを放っていったが……。

福岡」という柔術のジムをはじめられたので、僕は最初から会員として参加をして。

――ライガー選手は柔術では紫帯の腕前なんですよね。

実家に帰っているときに通って9年くらいかけて取りました。だから、著名人が名誉としてもらえる帯とかではないです（笑）。柔術、おもしろいですよ！　はじめた当初は自分よりも30キロくらい軽い人に転がされるわけですよ。それでカルチャーショックを受けていたら、神田先生に「ここは極められるところです。試合で極めればいいんです」と言われて、それからは力みも抜けて。柔術の真髄は力じゃないんですよね。いまは新日本の大会が多いし、合間で海外遠征も増えているので、なかなかジムに行けないのが悩みなんですけど、柔術はライフワークとしてこれからもずっと続けていきたいです。

## プロレスは長く観るもの

――鈴木選手はこのライガー選手との試合のあとに、またプロレスをやりたいという気持ちが芽生えたそうです。

へぇ。じゃあ、鈴木軍がウチで大暴れしているのは僕のせいってことか（笑）。でも、プロレスに復帰して、いろんな団体で存在感を示しているのはひとえにアイツの努力ですから。そういえばパンクラスの試合後、鈴木が僕の自宅に魚釣りがてら遊びに来たことがあるんですよ。「ライギョが釣りたい」っていうから、ウチの自宅に泊めて佐賀の釣り場まで連れていって。そのときに「俺、コッチで柔術習ってるんだよ」「なんのために？」「オマエをブン殴るためだよ！」なんて言い合って、ふたりで笑いましたけど（笑）。

——いまは本隊と鈴木軍で敵対関係ですが、若手時代の鈴木選手はライガー選手と船木選手と行動を共にすることが多かったそうで。

アイツは新日本に入った瞬間からトンガってましたね、他人にナメられたくないっていう気持ちが強くて。鈴木が新弟子の頃、ブラックキャットさんにパンチの打ち方を教わっていたら、木村健悟さんが冗談のつもりでどこかから金属のプレートを持ってきて、「これを殴って鍛えるんだ」って言ったらしいんですよ。そうしたら鈴木は「やってやるよ！」って内心ブチ切れながらバンバン殴りつけてたら、大先輩の木村さんが「もういい、もういい」って止めに入ったそうで。

——当時から反骨精神の塊だったんですね。

でも、すごく情に厚いヤツでしたよ。僕や船木がイギリス遠征行くときに「みんないなくなって、さみしいじゃないですか！」ってワンワン泣くもんだから、「いいからオマエは藤原さんと練習しとけ！」って言って（笑）。

――鈴木選手はライガー選手の奥さんとも仲がいいらしいですね。奥さんは「鈴木みのるは私の舎弟」とおっしゃっていて（笑）。

ウチのカミさんが千景《ちかげ》っていうんですけど、鈴木は鈴木で「オイ、千景！」って呼び捨てにしてましたけどね（笑）。僕が「人の嫁を呼び捨てにすんな！」って言ったら、「だって、千景じゃん」って言い返して。僕が海外遠征に行く前、道場の近くでカミさんと同棲していたのもあって、昔はよく一緒に遊んでいたんですよ。

――青春時代を共にすごした相手と紆余曲折を経て、いまも同じリングに上がっているのもおもしろいですよね。

そうですね。お互い50絡みのオッサンになって。僕が中継の解説をやっていると、たまにちょっかいを出してくるのが憎たらしいですけど（苦笑）。プロレスラーはわりと現役期間が長いので、レスラー同士の関係性がどう変わっていくのか、そこを観察するのも醍醐味というか。プロレスって長く観るものだと思いますね。

——このパンクラスでの鈴木戦にまつわるゴタゴタで、健介さんは新日本を退団します。その後、ＷＪプロレスを経てフリー、そして健介オフィス（のちにダイヤモンド・リングに改称）を設立して活躍したのち、14年2月に現役を引退しました。ライガー選手から見て、健介さんはどのような選手でしたか？

性格的に不器用なところもありますけど、僕にとっては基本的に気のいいアンちゃんでしたよ。ただ、レスラーとしてのし上がっていう野心は、けっこう強かったと思います。三銃士に対する嫉妬心はすごかっただろうし、橋本が選手会長の頃に衝突もあったし。あの身体を作り上げたのも生半可な反骨精神じゃ無理ですよ。いま思えば、僕も健介に意見を言われたこともあったし。

——意見というのは？

僕が他団体の選手と絡んだり、参戦したりすると「●●●のレスラーと試合したら、ライガーの価値が下がるよ」とか。健介は新日本に対するプライドが人一倍高かったんじゃないかな。自分にも若い選手にも厳しかった。あと、僕の髪が薄くなってきた頃に「ライガー、挨拶以外であんまり頭を下げないほうがいいよ」ってアドバイスもくれて（苦笑）。

——後年、健介さんもＷＪのあとはインディー団体にも上がるようになり、新日本時代は考えられないようなコミカルな試合もするようになって。

そこは新日本を離れたことで、プロレスに対する視野が広がったっていうことじゃないかな。チャコちゃん（北斗晶《ほくとあきら》）の内助の功もいろいろとあるだろうし。あんなにはにかみ屋だった健介が、タレントとしてテレビに出るようになるなんて思ってもみなかったですもん。いまでもバラエティ番組で一緒になると「ライガー！」って気軽に話しかけてくれるし、「健介、いまでもあんな重いウエイトやってんの？」「無理無理！　あの頃はバカだったんだよ（苦笑）」みたいなやりとりをしてますよ。

# Chapter.4

# CTU始動

## 00年代『スーパージュニア』の再評価

――00年代前半の『ベスト・オブ・ザ・スーパージュニア』は他団体含め、さまざまな選手が参戦していましたが、ライガー選手が印象深い選手は？

（資料を見ながら）最初に思い浮かぶのはアメリカン・ドラゴン（ダニエル・ブライアン＝04年出場）ですね。当時は金本や稔くんに加えて、邪道外道やトラちゃん、垣原くんや成瀬くん、さらにヤングライオンだった柴田《しばた》（勝頼《かつより》）や井上《いのうえ》（亘《わたる》）も加わって日本人選手が充実していたのに比べて、外国人は新しい選手があまりいなかった中で存在感を発揮したというか。彼はロス道場で練習を積んでいたのを服部さんがピックアップしたんですけど、まさに掘り出しものでしたね。細やかなテクニックに加えて試合の組み立て方もうまいし、あとは闘争心もすごくて。ただ、風貌が地味だったので、のちにニューヨーク（ＷＷＥ）でヘビー級のベルトを巻いたときは驚きましたけど。あとはカレーマン（02年出場）もよかったですよ。彼も試合巧者で、マスクを脱いでからＴＮＡのトップで活躍しましたし。

――では、日本人選手でインパクトのあった選手はいかがですか？

健介のところの中嶋《なかじま》（克彦《かつひこ》）くんは非凡なものがありましたね。当時はまだ少年って感じでしたけど、磨きかたひとつですごいレスラーになるって思ったたし、現にノアのエースに上り詰めて。あとはえべっさん（03年出場／当時・大阪プロレス）はいろんな意味で印象に残ってる（笑）。でも、彼もただの色モノじゃなかったですからね。レスリングは器用だったたし、ポッチャリ体型に似合わない飛び技も持っていて。

――ライガー選手はこの時期にKAIENTAI DOJOや大阪プロレスなど積極的にインディー行脚をされていましたが、そういうところでアンテナに引っかかった選手が新日本に参戦することも？

ありましたよ。やっぱり、僕も他団体に上がったからにはタダじゃ帰らないというか、「この選手、いいな」と思ったら何かしら吸収するようにして。これは『スーパーJカップ』で学んだことですけど、どの団体にも必ずいい選手っているんですよ。K―DOJOでいえば真霜拳號《ましもけんご》選手、大阪プロレスならブラックバッファロー、あとは華☆激だったらアステカとか。去年、『スーパーJカップ』に出たグルクンマスク（琉球ドラゴンプロレス）も「絶対にウチに上げるべきだ」って前から言ってたんですよ。人数的な問題でなかなか出られなかったですけど、フタを開ければ

「いい選手ですね」ってなって、「だから、早く上げろって言ったじゃん！」ってドヤ顔したり（笑）。新日本だからってアグラをかいてちゃダメなんですよね。常にアンテナを張り、いい選手がいたらツバをつける（笑）。僕も他団体の地方の大会に出るのは好きなんで。

――地方でいうと、みちのくプロレスにはたびたび参戦してましたね。

みちのく大好き（笑）。いまでも新日本で東北を回っているときに、トラちゃんに「このへん、みちのくで来た気がするんだけど？」「ライガーさん、よく覚えてますねぇ」なんて会話をしてますよ。なんか、みちのくの地方大会って気持ちが安らぐというか、キュンと来るものがあるんですよね。イスじゃなくシートにお年寄りから子どもまで座って楽しげにしているのを見ると、これがプロレスの原風景なんじゃないかなって思うし。もちろん、ドームに大観衆を集めて試合をするのも、プロレスの底力を見せるという部分ですばらしいですよ。でも、地方には地方のよさがあって、ファンの人でも「大きな会場で観る新日本もおもしろいけど、田舎で肩の力を抜いて観る新日本も好きなんです」っていう人がいますからね。

――ノスタルジーに駆られるのかもしれませんね。

そうそう。あと、他団体の選手の情報に関しては、やっぱりカミさんの意見が参考になったんですよ。僕よりよっぽどプロレス界全体にくわしいし、あくまでファン目線で見て「あの団体の●●選手は、新日本で●●選手とやったらおもしろいんじゃない？」って意見を聞かせてくれて。彼女は新日本よりもむしろ他団体のほうにばっか行ってましたから（笑）。

――よく、「90年代の新日本ジュニアはすごかった」とファンや関係者のあいだで言われていますが、00年代前半のジュニアもバラエティに富んだメンバーが揃っていたというか。

本当、そう思いますよ。今年、ＫＵＳＨＩＤＡくんが『スーパージュニア』で優勝したときのコメントで、インタビュアーから「新日ジュニアが一番輝いていた時代の中心であるライガー選手に、何か伝えたい気持ちは？」って言われて「訂正してください、いまが一番です」って答えてましたけど、「よくぞ言った！」って思いましたもん。ジュニアはずっと輝いてるんですよ。手前味噌ですけど、どの時代のメンバーを見てもすごいですよ。世界的ビッグネームになった外国人選手もいれば、真壁とか柴田とか内藤（哲也）みたいにヤングライオンの頃に出場して、いまヘビーでメインイベンターになっている選手もいるし。00年代前半は新日本が揺れ動いている時期でしたけど、ジュニアは信念を持ってプロレスを追求していたので、90年代だけではなく再評価してもいいんじゃないかなって思います。

## GHCジュニアヘビー級王座奪取

――ライガー選手は04年の1・4東京ドームでノアの杉浦貴《すぎうらたかし》選手を下してGHCジュニアヘビー級王座を奪取し、この年はこのベルトと共に百田光雄《ももたみつお》選手や鈴木鼓太郎《すずきこたろう》選手、菊地毅選手を相手に防衛戦を重ねていきました。

ノア勢とシングルでガンガンやりあった時期ですね。杉浦選手は顔がいかつくて身体もゴツゴツしていて、ノアには珍しいタイプでしたよ。「なんでノアなんだろう？　ウチのほうが合ってるんじゃないの？」って感じるくらいに向かってくる選手だったし、当時からジュニアらしさみたいなのは感じなかったですね。あとは百田さんと両国でやったのもよく覚えてます。当時、すでに50代半ばだったと思いますけど、あの負けん気の強さはすごかったなあ。もちろん、大ベテランですからインサイドワークもすばらしいんですけど、気持ちの強さが印象的ですね。キャリアを重ねてくるとどうしてもパワーやスタミナやスピードは落ちますけど、それを補うのは気力なわけで、そこが強い人が現役を続けられるというか。いま、僕がリングで若い連中と張り合っ

のちにGHCヘビー級王座の最多連続防衛記録を樹立する杉浦と、ドームで真っ向勝負を展開。ノアジュニアの至宝、GHCジュニアヘビーを奪取して底力を見せつけた。

ているのも最終的には気力ですから。

――常にグッドコンディションのライガー選手でもそう感じる、と？

やっぱり、若さってすごい武器なんですよ。柔術で中高生くらいの子たちと練習をすると、すごくいい動きをするので「もともと何か格闘技やってたの？」って聞くと「いえ、やったことないです。柔術がはじめてです」って返ってきて、驚かされることが多々あって。それくらい機敏で、オジサンはついていくのがやっとっていう（苦笑）。でも、ゴルフとか卓球とかほかのスポーツにしろ、若い選手の活躍ってすごいじゃないですか？　ベテランは気力を奮い立たせて、インサイドワークと培ってきた技で立ち向かうしかないですよ。

――これはKUSHIDA選手がおっしゃっていたんですけど、「ライガーさんはその時代時代で、いい技をたくさん持っている」と。レスラーはキャリアを重ねていくと身体の状態によってそれまで繰り出してきた技が多少変化していくと思うのですが、たとえばライガー選手の場合は自身が編み出したシューティングスタープレスをやらずとも、時代時代で印象的な技を備えているというか。

プロレスって、忘れられている古典技が案外多いんですよね。昔の技には単純なものが多いですけど、効果的なものが残っていて。たとえば空中胴締め落としとかロメロスペシャルとか。そういえば、ちょっと前に金本に会ったときに「ひとつ聞きたかったんですけど、ライガーさんの空中胴締め落としってどんな技なんですか？ 空中で相手をキャッチしてどうやって落とすのか、よくわからなくて」って聞かれたんですよ。だから、「ん？ 相手に向かって走っていって、ピョンと身体に抱きついてプレスするだけだよ」って言ったら「エッ、それだけなんですか？ ホンマですか？」って驚かれて（笑）。いまは複雑な入りの技が増えましたけど、案外シンプルな技のほうが観ている側に伝わったりもしますから。

――ライガー選手がフィニッシュで多用している垂直落下式ブレーンバスターも古典的な技ですよね。

そうそう。そもそもブレーンバスターって、ディック・マードックさんがやっていたみたいに垂直落下でしたからね。あと、自分で考えていまも出している技だとライガーボムとか雪崩式フランケンシュタイナー、フィッシャーマンバスターあたりですか。

――ライガー選手は若手時代からあすなろスープレックスをはじめ、オリジナル技の開発に余念がないイメージがあります。

出さなくなった技も多いですけどね。一番大事なのは自分の身体の特徴にフィットするものを使うことなんですよ。僕は足が短いし関節が固いから、そういうマイナス面をカバーできる技というか。

――ライガーボムや雪崩式フランケンシュタイナー、フィッシャーマンバスターはいまや世界で多くのレスラーが使う流行技になりました。

　ライガーボムは自分の背が低いからジャンプしているわけだし、雪崩式フランケンも落差をつけるために編み出して。フィッシャーマンバスターなんかブリッジがうまくないから、だったらそのまま叩きつけちゃえっていう発想ですから。取り入れる技にしろ、自分の身体に合ったものですね。空中胴締め落としはべつに相手を飛び越えるわけじゃないからそんなにジャンプ力もいらないし、僕はジュニアでは体重があるほうなんで自分の武器になるなって思ったわけで。普通、僕が突進してきたら相手は「掌底か？」って身構えると思うんですけど、そこで「違うよ～ん」って感じで飛びつくので不意打ちみたいなところもあるし。

――すべては理にかなっているわけですね。ちなみにシューティングスタープレスは94年の1・4東京ドームで3代目タイガーマスクを下して以降は出していませんが、何か理由が？

　もう、軽く20年以上出してないんですね。でも、2年前に海水浴に行ったときに浮島から試しにシューティングスターをやってみたんですよ。海面から1メートルくらいだったと思いますけど、ちゃんと腹から落ちたから、べつにできなくはないんですよね。ただ、それをリングでやるとどうかなっていうところで。バケーションでは気楽な気持ちでできたけど、疲れた状態でコーナーポストから飛ぶのはまたべつですから。いまはいろんな選手がシューティングスターをやるじゃないですか？　しかも、僕よりも華麗に。だから、あの技は若い人たちにお任せして、僕は自分の身の丈にあった技を極めていきたいかな。そう言っておいて、いきなり不意打ちのように出すかもしれないですけど（笑）。

## やりたい放題のヒールユニットCTU

――04年7月3日、ライガー選手は大阪プロレスに参戦する際、当時新日本で敵対関係にあった邪道外道、竹村豪氏《たけむらかつし》選手と結託して新ユニットの結成を宣言します。その翌日、ライガー選手はタッグパートナーだった金本選手を裏切って、あらためてヒールサイドとの共闘をアピールし、CTU（コントロール・テロ・ユニット）として正式始動しましたが、このユニットは00年代中盤から後半にかけてのジュニア戦線で一大ムーブメントとなりました。

ＣＴＵは3年くらいやりましたけど、あの新日本が厳しい時代に自主興行もやったし、ファンイベントも盛況だったし、グッズの売上もよかったんですよ。ＣＴＵオリジナルジーンズまであったし（笑）。ＣＴＵは最初、大阪プロレスの岸和田愚連隊《きしわだぐれんたい》っていうヒールと戦うときに、「毒には毒を」っていうことで邪道外道たちと組んでみたら、すごくシックリ来たんですよ。それまで僕も新日本ではベビーとしてやっていたので、どこかにヒール願望みたいなものがあったんでしょうね。昔の一流レスラーはベビーとヒールをうまく使いわけていたし、何事も勉強で〝ヒールのライガー〟っていうものを確立すれば、レスラーとしての幅も生まれると思いましたし。そのお手本として邪道外道っていう最高の先生がいるわけで「いまの新日本ジュニアにユニットはないし、俺がやっちゃえ！」っていう感じで動きはじめて。いい意味で一癖も二癖もある連中が、互いを利用し合ったユニットだったと思います。このＣＴＵっていう名前は新日本の社員さんが付けたんですよ。たしか、当時流行っていたアメリカのドラマかなんかに登場した言葉らしくて。

――『24 TWENTY FOUR』ですね。ライガー選手の中でCTUの手応えは大きかったですか？

スゲー楽しかった！（笑）。ある意味、この頃が一番活き活きしてたんじゃないかなあ。本当、好き勝手やってましたからね。だって、リーダーを当時ヤングライオンだった後藤《ごとう》（洋央紀《ひろおき》）に

04年7月に始動したCTU。“新日本ジュニアの象徴”ライガーの突然のヒールターンに、場内は騒然となる。

やらせてたんだから、完全に悪ノリですよ（笑）。アイツも天然なんでイジり甲斐があったというか、コメントを求められても「じゃあ、リーダー！」って無茶ブリして。大先輩の邪道と外道に対し、試合中に「邪外《じゃげ》！」って呼んだのには驚いたな（笑）。

――CTUはメンバーの増員も激しかったですよね。稔選手やプリンス・デヴィット選手、ブラックタイガー（ロッキー・ロメロ）やディック東郷選手やTAKAみちのく選手も加わって。

見習いメンバー（ピューマ、トミー・ウィリアムス）までいましたからね。CTUをやるまでのライガーって、一匹狼的な部分があったと思うんですよ。決まったパートナーがいるわけでもないし、ジュニア戦線では後輩を迎え撃つ立場が多かったし。そこではじめてユニットを組んだことで、横一列でワイワイできるような感じが楽しくて。

――当初、CTUは蝶野選手率いるブラックホール軍（のちにブラックニュージャパンに改称）とも結託し、反体制勢力として武闘派の要素が強かったですが、途中からコミカルな側面も出てきて、新しいかたちのユニットだったと思います。いまでいえばCHAOSに近いというか。

ああ、そうかもしれないですね。一番肝だったのは、どんなコミカルなことをやったって、プロレスはちゃんとできますよっていうところで。邪道外道を筆頭に、みんな実力があって仕事が

CTU結成後、それまでの正義のヒーローのイメージをかなぐり捨てるように、黒いライガーはラフファイトを展開した。

できる連中ばっかりでしたからね。僕も先輩面するのは好きじゃないし、控え室とかでよく邪道たちにイジられてましたよ。

――邪道選手は当時、「ライガーはリング上ではリスペクトするけど、リングを下りたら俺と兄弟が子守役」という発言をしています。いきなり「シャラポワ！」と言いながら乳首をつかんできて、とにかく子どもだったと（笑）。

ハハハ、くだらねぇ（笑）。なんか、CTUじゃ若手の頃の寮生活みたいなノリがあったかもしれないですね。まあ、根底には互いにリスペクトがあるからこそ楽しくやってたし。いまのファンにもCTUは観てほしいなあ。

――ライガー選手の中でCTU時代に印象深いのは？

マスクドCTUは僕が考えたので思い入れありますよ。「全員で同じマスク被ったらおもしろくねえか？」って言って、僕がデザインを考えたんですけど最初はみんなにボロクソに言われたんですよ。「こんなゴキブリみたいなダサいの、誰も被らないよ！」って。でも、『華☆激』のアステカがマスク職人でもあるのでちょっと作ってもらって、みんなで被ってみたらダサかっこいいってなったのか、「……意外といいじゃん」みたいな（笑）。リング上でしゃべらなければ誰が

05年3月、お揃いの覆面を被ったマスクドCTUが初登場。試合ではインサイドワークを駆使し、相手チームを混乱に陥れた。

誰だかわからないから、相手も戸惑いますよね。あのマスク、今度復刻版として被ってみようかな（笑）。

――あと、CTU CATSというのもありましたよね。ライガー選手がTHUNDER TAMA、CTUと共闘していたミラノコレクションA.T.選手がMIKE A.T.として猫の姿に扮して（笑）。

あったあった！　コッチはマスクマンなのに素顔でペイントしてましたからね（笑）。あれはもともと、僕が当時CTUと抗争してたトラちゃんの入場曲を「戦いのときだ～、ニャオニャオ～、俺は～猫になる～♪」とか替え歌にして勝手に歌っていて、「これ、リング上でやったらおもしろいんじゃね？」って思ったのがきっかけで。でも、ミラノくんがやったCTU CATSは手足もスラッと長くて、劇団四季の『CATS』みたいにキマってるのに僕はスタイル悪くて『いなかっぺ大将』のニャンコ先生みたいな仕上がりで（苦笑）。入場するまでは「失敗したな～」と思いましたけど、いざリングに上がったら猫ムーブに徹して、お客さんも沸いてたから恥ずかしい格好をした甲斐がありましたよ（笑）。

――CTUレンジャーも遊び心が満載でした（笑）。

あれも完全にネタだったなあ。みんなで『ゴレンジャー』みたいに色分けしてKAIENTA

獣神のマスクを脱いで、CTUと協力関係にあったミラノコレクションA.T.とCTU CATSに変身。猫誕生のきっかけは虎（タイガーマスク）だった。

ＩＤＯＪＯと試合をやって、僕がアップルみゆきちゃんにセクハラまがいのことをするっていう（苦笑）。しかし、我ながらやりたい放題でしたよ。会社がゴタついていた頃ですし、せめてリング上は好き勝手させてもらうってことだったんでしょうね（笑）。

## 盟友たちの死

――05年7月11日、ライガー選手と若手時代から親交の深かった橋本真也さんが脳幹出血で急逝しました。当時、深い悲しみに包まれたライガー選手は追悼コメントもしばらくは拒否していましたよね。

本当にショックでしたからね。あまりに落ち込んで、周りに心配されるくらいだったんで……。橋本に関するインタビューも、1年くらい経ってからやっと受けられるようになって。あのときは最初、新日本のベテラン社員のかたから「橋本さんが亡くなったらしいです。くわしいことがわかったら連絡します」って電話があったんです。でも、そのあとに待てど暮らせど音沙汰なかったんでコッチからかけ直して「なんで連絡しないんですか！　コッチは待っててんだよ！」って怒鳴り散らして。僕、事務所の人にそんな物の言いかたしたのははじめてだったんで、

05年7月13日、新日本の山形大会の試合前に鳴らされた橋本真也さん追悼の10カウントゴング。遺影を持ち、同じ闘魂三銃士だった蝶野正洋と黙祷を捧げた。

かなり動揺してたんでしょうね。それからカミさんにもすぐ電話して。

――ライガー選手と奥さまのキューピッド役になったのが橋本さんなんですよね。

そうなんです、僕とカミさんは橋本が仲を取り持ってくれたおかげで付き合いはじめたようなもんなんで。あとでカミさんに聞いたら、僕は電話口で大泣きしていたらしくて。橋本とは家族ぐるみの付き合いをしてたんで、アイツの奥さんだった和美《かずみ》ちゃんもよく知っているし。長男の大地《だいち》含めて3人の子どもたちなんかまだ小さかったから、本当にかわいそうで。

――大地さんは父親の遺志を継ぐようにレスラーになりましたが、ライガー選手は小さい頃からよくご存じなんですね。

大地も小さい頃から親父譲りでヤンチャでしたよ、レスラー向きというか。ただ、ちょっと彼は遠回りしちゃったかなっていうのは感じますね。大地にしろ、藤波さんところのLEONAくんにしろ、新日本に入って同世代のヤングライオンとしのぎを削ったほうが試合数も多いし、着実にステップアップできたと思うので。それは単純に僕が新日本の育成方法が好きだからっていうのもあるんですけどね。たとえば、有名料亭の二代目って外に修行に行かされて、苦労を経験してから自分の店に戻るような印象があるんですけど、プロレスラーの二世の場合は親の団体で純粋培養する傾向が強い気がするというか。そこで若手の頃から名のある選手とぶつけるよりも、同じ釜のメシを食いながら若い者同士でバチバチやりあったほうが伸びると思うんですよ。「若いときの苦労は買ってでもしろ」じゃないけど。いま、新日本はヤングライオンが多いですけど、絶対に5年後10年後はおもしろいことになっていると思いますし。

——同年代のライバルが重要だ、と。

柴田は二世として新日本でデビューして、一度退団して総合格闘技の世界でしのぎを削ってから戻ってきましたけど、まさに有名料亭の二代目みたいな経験を積んでいると思うし。でも、大地もいまは大日本でがんばっていて、ウチのカミさんも「大ちゃん、すごくよくなってるよ」って言ってたんで、これから偉大な親父に追いつけ追い越せでがんばってほしいですけどね。そういえば昔、橋本に「ライガー、まだ誰にも言わないでな。和美が妊娠したっぽいんだよ」って言われて、「おお、おめでとう！ わかった、絶対に内緒にしておくよ」って答えたんですけど、うれしくてしょうがなかったんでしょうね。みんなにも同じように報告して、誰もが知っていたっていう（笑）。

——その橋本さんが亡くなられて、今年（2017年）で12年の月日が経ちました。

もう、そんなに経つんだ……。ウチのカミさんは橋本のことを〝ブー〟って呼んでたんですけど、毎年どちらからともなく「今日はブーの命日だね」っていう話になりますよ。たまに「もし、橋本が生きてたらプロレス界もどうなってたのかな」って思うこともあるし。橋本が亡くなるちょっと前にZERO-ONEから離れて、蝶ちゃんと接近した時期があったじゃないですか？ 武藤は我が道を行くタイプだけど、橋本と蝶ちゃんは一緒に何かをやっていたかもしれないし。僕なんかから見ると、三銃士の中で武藤が一番、人間的に猪木さんに近いものを感じるんですよね。

――橋本さんは一時期〝闘魂伝承〟を旗印にしていましたが、内面は武藤選手のほうが猪木さんに近い、と？

武藤も華があったし、自分がこうと思ったことは他人にどうこう言われても気にせず貫くという部分が、猪木さんに似ていると思います。橋本も猪木さんみたいに野心は大きかったですけど、ちょっと純粋すぎたんじゃないかな。もちろん、自分の問題もあるけど、周りに翻弄される部分もあったでしょうし。で、なんだかんだ一番バランス感覚に優れていて、責任感があったのが蝶野だった気がします。だから、三銃士の中で唯一新日本にも残って、会社と現場のあいだで立ち回ったというか。その三銃士もいまは誰ひとり、新日本のリングに上がっていないっていうのも時の流れを感じますけど。

――ライガー選手に縁の深い選手でいうと、90年代の好敵手であったクリス・ベノワ（ペガサス・キッド）も07年6月に亡くなっています。やはり、身近な選手の訃報《ふほう》というのはいろいろと思うところがあるのでは？

そうですね……。クリスは新日本の練習生でしたし、道場で一緒に練習して寝食を共にしてましたから。普通、合同練習をやってチャンコを食べたあとは、昼寝の時間なんですよ。でも、彼はそのときもウエイトをやっていて。厳しい道場生活に耐え抜き、新日本のジュニアでトップを取って、今度はWWEでもヘビー級のベルトを巻いて。当時はその姿を見ていて、すごく刺激になりました。新日本育ちのすごさを世界に知らしめてくれたというか。だからこそ、その最期があんなことになるとはまったく想像できなかったし、ただただ悲しくて。

――妻とひとり息子と一家心中を図るというショッキングなものでした。

それを聞いたときは「何があったの？　本当にあのクリスが？」って、まったく意味がわからなかったですよ。ほかのレスラーが亡くなったときと違って、現実味がなかった。でも、徐々に受け止めることができて、ポッカリ穴が空いたような気持ちになって……。僕が90年代にWCWに行くと、新日本で一緒に切磋琢磨していたクリスやエディ（・ゲレロ）、（ディーン・）マレンコががんばっているわけですよ。「俺も負けてらんねえな！」って思いましたね。

――ライガー選手は90年代中盤、その3人と〝ジュニア・フォーホースメン〟を名乗っていたこともありましたね。その一員であるエディも05年11月、動脈硬化性疾患で38歳の若さで亡くなって。

エディも急だったなあ、なんでだろ……。それだけWWEでトップを張り続けて、ハードスケジュールをこなすことはきついんですかね？　僕も数年前にものすごく忙しい時期があって、1年のうちの9か月くらい、毎月海外で試合してたんですよね。それでドイツに行ったときにホテルの窓を見ていたら雪がシンシンと降ってたんですけど、そのときにふと「……俺、何やってるんだろ？」って思ったことがあって。「家族の元に全然帰らず、こんなところまでひとりでやってきて何やってんだろ？　これでいいのかな、俺？」って、すごく冷静になっちゃって。

――そんなことがあったんですね。

おそらく、WWEのトップになるとそういうことが続くのかもしれないですね。しかも向こうは、すぐに自分に取って代わる選手がいるわけで。金銭的には恵まれるかもしれないけど、続けていけば大きなリスクが伴う環境なんだと思いますよ。そういうところで気を紛らわすために、お酒や薬に走ったりすることもあるのかもしれないし。こんな単純な僕でも気持ちが揺れ動く瞬間があるんだから、思い込みやすいレスラーは注意が必要というか。いま、ウチのトップの選手たちも通常のシリーズのほかにオフはメディアの取材や、海外遠征に行くことも多いのでたいへんだと思いますよ。そこは会社もしっかりケアしてくれているでしょうけど。

——あらためてレスラーというのは過酷な職業というか。

マレンコも一度、大きな病気をやってるんですよ。僕が15年にWWE（NXT）に出たときに、「クリスとエディが死んで、次は俺かって思ったよ」なんて話してましたけど。自分と同じ時代に活躍した選手だと、オーエン（・ハート）やハヤブサ選手も亡くなっていますけど、すごく寂しいですよ。僕はプロレスが好きだから、レスラーが因果な商売とは思わないですけど、やっぱりこの商売は短命なのかなって気はしてます。自分がいま50歳をすぎて、単純に生きられてあと20年くらいかって思うと、ウチのボウズが生まれて20年なんてあっと言う間だったし、「俺もそのあっという間くらいしか生きられないんだな」って。だからこそ、悔いがないように一生懸命生きないといけないなって思いますね。

# Chapter.5

# 新日本プロレス暗黒期

# ジュニア大量離脱未遂

――00年代中盤、俗に新日本が暗黒期と言われる時期はリング外にも注目が集まりました。04年6月には草《くさ》間政一《ませいいち》さんが藤波選手に代わって代表取締役社長に就任するも、わずか1年でその職を追われて。

僕は草間さんには個人的に何も思うところはないんですよね。会場には以前からいらしてたんで、社長になったときに「ああ、あの人か」と思った程度で、猪木さんが連れてきた人という印象しかなくて。〝会社の整理屋〟とか噂はいろいろ聞きましたけど、とくに興味は持たなかったですし、もしかしたら持たないようにしていたのかもしれないし。

――その草間さんのあとには、猪木さんの娘婿《むすめむこ》であるサイモン猪木さんが社長となりました。

僕、サイモンさんとは仲がよかったんですよ。育ちのよさを感じるというか、人当たりもいいかたで。サイモンさんも猪木さんに操られているとか、奥さんがコントロールしているとか言われてましたけど、実際「オマエ、やっとけ」って感じだったんでしょうね。

――当時は猪木さんの意向により、ビッグマッチのカードが直前で変更になったり、なかなか決まらなかったりと現場も振り回されていた印象があります。

単純に現場の士気は下がりますよね。会社が何をしたいのか、非常に混沌とした時期で。その中でヘビーに比べてジュニアは戦いに集中できたから、CTUもお客さんの支持が高かったんだと思います。当時、実際に「ヘビーよりもジュニアのほうがおもしろいね」という声も聞きましたし。でも、それを言われてうれしい反面、ヘビーが盛り上がらないとプロレス団体としてはよくないっていう気持ちもあって、複雑な部分はありましたね。

――05年11月には、猪木さんが保有していた新日本の株式を売却し、ゲーム会社のユークスの子会社となりましたが、そのときの気持ちは?

あのときはユークスさんが助けてくれなかったら、新日本はほかの会社に敵対買収されて本当にヤバかったみたいなので、足を向けて眠れないなと思いました。ただ、買収されても新日本は新日本だしメンバーも一緒なので、僕たちレスラーはいままで以上の戦いをして、いつか自分たちで買い戻せるくらいに盛り上げないとっていう気持ちでしたね。でも、その頃はまだ、会社全体の足並みが揃ってなかったというか。

――ユークス体制となった06年の契約更改では保留が続出し、最終的に10人以上の選手が退団する事態となりました。当時のことを所属の選手たちに聞くと、会社からの厳しい契約条件や誰が新日本を去るのかという部分で、その多くが疑心暗鬼だったそうで。

まさにそのとおりですよ。スタッフでも「今季は契約する気はありませんから」の一言だった人間もいたって聞きましたし、まるで人員整理のように淡々と機械的に決められていったというか。もちろん、会社が大変な状況でいろんな膿《うみ》を出すための時期だったっていうのは百も承知なんですけど、新日本でがんばってきた人間にもそれぞれ生活がありますから。

――じつはこのとき、ライガー選手を中心にジュニア選手が離脱するかもしれないというお話もあったそうですね。

それもいまだから言える話ですけどね。そういう会社の状況に不満を抱いたのと、当時現場監督として新日本に復帰した長州さんに違和感を持ったメンバーたちが「退団して新しい団体を作ろう」っていう動きがあって。

――06年8月に旗揚げする無我ワールド・プロレスリングですね。

そこでジュニアにも声がかかったんですけど、とりあえず僕が「話だけは聞いてくる」ってことで西村や藤波さんの説明を受けに行って。でも、最初の段階では西村が「新団体には地方のプロモーターが協力してくれる」とか「テレビ放送が決まった」って話していたのが、よくよく聞いてみると「いい方向に向かっている」っていうだけだったので、僕はジュニアのメンバーたちに「受け入れ体制ができてないから、動かないほうがいい」って言ったんです。

——逆にいえば当時の会社は新日本一筋のライガー選手でさえ、一時は去就を考えるような状況だったわけですね。

いままでも何度か会社のゴタゴタは経験してますけど、それまでは絶対に辞めようなんて思わなかったんですけどね。僕は山本小鉄さんに拾ってもらって、新日本に育ててもらった身なので。それでも気持ちが揺らぐくらい、あの時期の新日本はおかしかったんだと思います。

——あの棚橋弘至選手ですら、一時期は退団してアメリカでの活動を考えたそうで。

ひとりひとりがいろんなことを考えたんだと思いますよ。とくに長州さんが現場監督に戻るっていうのは、現場のアレルギー反応は大きかったですし。苦しい時期に団体の看板を守ろうとがんばっていた人間からすれば、自分の都合で出たり入ったりしている人間が要職に就くことに納得いかなかったし、会社からも突然「こういうことになりましたから」って決定事項として報告されたので「本当にいい加減だな」って思いましたから。

――長州選手は04年10月の両国大会で乱入し、その後、新日本マットで戦うようになり、05年10月に現場監督に復帰しました。ちなみにその両国の乱入の際、ライガー選手は長州さんに詰め寄ったものの、逆に場内からブーイングを浴びて。

そうそう、散々でしたよ（苦笑）。倍賞《ばいしょう》（鉄夫《てつお》＝元・新日本フロント）さんに「あんな勝手なことされて許せないです！　俺、行っていいですか？」って文句言って、「行け！　行け！」ってなったからリングに上がったんですけど。

――この長州さん乱入の仕掛け人である上井さんの著書によると、ほとんどの関係者とレスラーは知らなかった、と。そして、このライガー選手の登場は上井さんも想定外だったようです。ちなみに倍賞さんは長州さんの登場を知っていたそうで。

ひっでえなあ、知っててコッチをけしかけたんだ（苦笑）。僕なんか単純だから、いいように転がされてるんでしょうね。でも、あのときはブーイングを受けて、薬師丸ひろ子じゃないですけど、会場中に機関銃を「ドドドドドッ！」ってぶっぱなしたくなりましたよ（笑）。「この男がどんだけ好き勝手なことをやってるのか、みんな知ってんのか？」って。まあ、ファンもマスコミも刺激があるほうに目が向くのは常なんですけどね。いまは長州さんには何も思わないですけど、

04年10月9日の両国大会で、長州の突然の“出戻り”に対し「出てったり帰ってきたり、フラフラしてんじゃねえ！」と本隊よりも怒りをあらわに。

あのときは許せなかったです。

――これは金本選手からお話を聞いたんですけど、長州さんが戻ってきたときに控え室で口論になり、それをライガー選手が止めに入ったそうで。

あの頃はみんな殺伐としてましたから。僕も長州さんとは揉めたことありますよ。コッチも言いたいことはぶつけるタイプだから「なんでこれだけ支持を受けているジュニアの試合が、いつもヘビーよりも下の扱いなんですか？」って。それはヘビーが悪かったとかじゃなくて、ジュニアも人気があるんだからもっと上のほうで使ってくれてもいいんじゃないかっていう話で。そのときは「会社として考える」とは言ってもらいましたけどね。まあ、僕も新日本残留を決めたからには、「とにかく、もうやるしかない。ここから盛り立てていくしかない」って腹をくったところはありましたよ。前向きに捉えないと前進はないですから。

## 『レッスルランド』と『LOCK UP』

――ユークス体制となった新日本は、06年5月から実験的な興行としてエンターテインメント要素の強い

06年10月、突如『レッスルランド』博多大会に姿を現した地元在住のハラキリ・ハカタ2号。エンタメ要素の強いリングでも千両役者ぶりを発揮した。

『レッスルランド』や、長州さんのリキプロを主軸とした『LOCK UP』を開始しました。『レッスルランド』が誕生した背景として、当時は芸能人をリングに上げることで世間的に話題を呼んだ『ハッスル』の存在があったと思いますが、ライガー選手はああいったものをどのように捉えていましたか？

僕はプロレスというのはオモチャ箱だと思っているので、いろんなキャラクターがいていいと思うし、頭ごなしに否定はしないです。『レッスルランド』の場合は新日本自体の興行とは別扱いにしたのがよかったと思いますね。たとえば、アッチには誰々は出さないとかルールを設けて。『ハッスル』に関しては芸能人を上げるという部分で「ケガするなよ、させるなよ？」とは思いました。プロレス自体を知らない子どもたちが増えていた中で、プロレスのネガティヴなニュースがテレビで流れれば、それはジャンルを貶《おとし》めるものになるので。

――『ハッスル』に対してアレルギーを示すレスラーもいましたが、ライガー選手はそこまではなかった、と。

僕、昔からプロレスラーってヘンな人種だなって思うのが、自分たちが映画に出たり、テレビに出たりすると「芸能人としてもやっていけるな」とか、わりと平気で言うんですよ。そのクセ、芸能人がリングに上がると「プロレス、ナメんじゃねえ！」って目くじらを立てるっていう（笑）。

06年1月、アパッチプロレス軍との抗争が開戦。敵のなりふり構わぬ反則攻撃にハングリー精神を見た。

どの世界も厳しいんだから、ほかのジャンルにはリスペクトを持てばいいのになっていうのはありますね。いま、バラエティ番組なんかで『ハッスル』に出ていた（レイザーラモン）RGさんと一緒になったりしますけど、普通に楽しく会話させてもらってますよ。

――『レッスルランド』は短期で終わりましたが、その後の新日本に活かされたものもあったというか。

そうですね。それぞれのレスラーがこれだけの色を持っているんだっていう発見になったと思いますよ。もちろん、試合あってこそなんですけど「アイツ、意外としゃべれるんだな」とか。あとは試合以外の演出面で取り入れていることもあるだろうし。そこはCTUで好き放題やっていたことも、いまに活きていると思いますけどね。まあ、CTU CATSはさすがにいまの新日本で再登場するのは難しいでしょうけど（笑）。

――『LOCK UP』のほうにはアパッチプロレス軍が参戦していましたが、のちに新日本の興行でCTUと抗争が勃発しました。

ああ、（金村）キンタローたちだ。長州さんも90年代はインディーに対して厳しい目を持ってたんですけどね。『スーパーJカップ』で小さな団体にもいいレスラーがいるっていうのはわかってもらえましたけど、ジュニア以外では固い部分があったというか。でも、新日本を辞めてから

06年7月、アパッチプロレス軍との血で血を洗う抗争では、鬼神ライガーが約10年ぶりに出現。狂乱ファイトでBADBOY非道を沈めた。

インディー出身のレスラーたちと試合をすることで、その考えも変わっていったんじゃないかな。金村選手のことを認めていたんだと思います。彼のことは邪道や外道も昔からよく知っていて、新日本で暴れるだけの実力を持っているっていうのを僕も聞かされてたんで。

――アパッチ軍は凶器攻撃もいとわないハードコアスタイルでしたが、対戦してみていかがでしたか？

たしか両国で金村選手の場外セントーンを食らったんですけど、そこから記憶がなくなるくらいの衝撃だったんですよね。彼らの「新日本に飲み込まれてたまるか！」っていう必死な気持ちが伝わってきたというか。ＢＡＤＢＯＹ非道とも〝鬼神ライガー〟としてやりあったし。僕はハードコアスタイルっていうのはそれまで経験したことなかったですけど、ひとつのプロレスの表現方法としてはおもしろいかなって思いました。

## 〝理想の王者〟棚橋弘至

――新日本が復興に向けて試行錯誤を続ける中、06年7月に棚橋弘至選手がＩＷＧＰヘビー級のベルトを初戴冠します。このときは王者のブロック・レスナーが契約上のトラブルで来日不能となり、新王者決定トーナメントを棚橋選手が制したわけですが、ライガー選手の目に当時の若き〝逸材〟はどのように映っていましたか?

最初、棚橋がベルトを獲って「愛してます」ってマイクアピールをしたときは、正直「……はっ?」って思いました。それはたぶん、昔の新日本を知っているレスラーはみんな、同じ気持ちだったと思いますよ。激しい試合に勝って「これからも応援よろしく!」ならわかるけど、「愛してます!」なんていうレスラーはいなかったですから、最初はブッ飛びましたよ(笑)。「リング上で何言ってんだ? 大丈夫か、コレ?」って。あのときはファンもキョトンとして受け入れてなかったと思いますし。でも、棚橋がすごいのは初心を貫いて、いつしか「愛してま〜す!」がないと大会が締まらなくなったんですよ。みんながあれを待ち焦がれるようになって。

――棚橋選手も当初はブーイングにさらされ、なかなかファンに認められなかったのを自力で信頼を得てエースになりました。その棚橋選手は自著で若手時代、ライガー選手から試合に関して〝制裁〟を受けたと書かれていました。

僕が覚えているのは、彼とタッグを組んで試合をしたあとに、アドバイスを送ったら「あそこはこうすればよかったんじゃないですかね」ってベテランみたいなことを言ったんですよね。そこでもう、「アン？　基礎もできてねえクセに何言ってんだ！」ってスイッチが入ってボコボコにして、周りに止められたっていう。

――多くの選手は若手時代、ライガー選手の厳しい指導を受けているみたいですね（笑）。あの中邑真輔《なかむらしんすけ》選手も含め。

え、真輔にも怒った？　いま、「怒ってないのは真輔くらいじゃないかな」って言おうと思ったんですけど（苦笑）。

――中邑選手は小林邦明さんに話かけられたときに、背中を向けたまま受け答えをしたらライガー選手が食卓をひっくり返したらしいです。

へえ。まあ、僕のそういうのは日常茶飯事なんで（笑）。たとえば、先輩が練習中にアドバイスをしたときに、後輩は一生懸命で余裕はないかもしれないですけど「目を見て受け答えしろや！」って思うし。そういうのができないのが、割と部活を経験していた人間に多いんですよ。たぶん、大学で上の学年になると自分が先輩の立場になるから忘れちゃうのか。

――ライガー選手自身も若手時代にはいろいろと怒られたわけですか？

そりゃ、最初はよく怒られましたよ、いまよりも厳しい時代ですから。前田さん、髙田さん、新倉《にいくら》（史祐《ふみひろ》）さんも厳しかったですし、先輩が怒るのも無理ないなというのは多々ありましたし。いまでも、控え室で若手に「●●、いる？」って聞いたときに、パッと見渡して「いや、いません」って答えたら、「いませんじゃねえだろ！　見当たらないので探してきますって返すのが普通じゃねえのか？」とか、道場でも「もう、8時だぞ。アイツ、起きてんのか？」「いや、わかりません」「見てくりゃ済む問題だろ！」って雷落とすこともありますよ。さすがに僕も手は出さなくなりましたけど。

――そういう礼儀面の指導というのも重要ですよね。

いま、昔に比べると先輩連中も後輩に優しいですからね。だけど、僕の持論としてレスラーになろうっていうヤツは個性が強いし、悪く言えばワガママ。そういった人間の団体生活ですから、ある程度若いウチにガツンといって「そういうのは通用しないぞ」ってわからせないとバラバラになりますから。あんまり厳しくすると若手が道場でくつろげないのもかわいそうなんで、基本的には寮長にだけ言うようにはしてるんですけど、どうしても目に入るとカチンとスイッチが入っちゃうんですよ。たとえば、いつまでもトイレが汚れていたことがあったんで、寮の連中を集合させて「これ見ろ！　新弟子が入ったからって調子こいてんのか？　下が入ったからこそ気を引き締めろ！　次汚かったらスクワット３０００回やらせるからな！」って言ったら、それからはずっとキレイ（笑）。

――教育的指導を（笑）。

もう僕もいい齢なんで理不尽なことは言わないし、頭から押さえつけるようなことはしてないですけどね。僕、自分の息子が20歳になったときに言ったんですよ。「もう、ひとりの大人としてしゃべるからな。親だからって子ども扱いしないぞ」って。道場生にもそのつもりでいるけど、どうしても目に余るところは叱るのも先輩の仕事だと思って。……なんの話してたんでしたっけ？　ああ、棚っちょのことか（笑）。

――はい（笑）。ライガー選手は棚橋選手のことを「チャンプ」と呼ぶそうですね。

そうです。すべてを含めた上で、棚橋がいまウチで一番のレスラーだと思うから。ファンや古い価値観のレスラーたちをも納得させましたからね。オカダや内藤が伸びてきたって、広い意味ではまだ棚橋には敵わないかなっていう気持ちは持ってます。チャンピオンの在り方として、彼の戦いかたはベストだと思うんですよ。相手の力をギリギリまで引き出して勝つっていうことは、逆に言えばそれだけ自分に力量やレスラーとしての幅があるってことなので。昔のＮＷＡのチャンピオンっていうのは、全米を転戦してその土地土地の挑戦者とそういう試合をしていたわけで、そうすれば観客も「次やれば勝てる！」と思って地元の選手を応援してまた会場に来たくなるわけだし。

――棚橋選手の戦い方は王者として理想的だ、と。

あれだけ忙しいのに、トレーニングもキッチリこなしてますからね。僕は早起きなんで、朝の7時くらいから寮でメシを作っていると、そんな早くに棚橋が来るんですよ。だから「なんか、食べるか？」って聞くと、「いや、食べてきました。このあと仕事なんで、その前にちょっと練習しておきます」って言って。逆に僕が21時くらいに寝ようと思っていると彼が来て、「どうしたの？」「いや、仕事が終わったのでちょっと練習に」ってこともあるし。これは真壁も一緒ですけどね。

――そのおふたりは新日本のいい時期も、悪い時期も知っているだけに意識が高いというか。

棚橋と真壁、新日本に関わった人間でこのふたりを認めなきゃウソですよ。観客動員が厳しい頃は、よく真壁と「もっと入れるにはどうしたらいいんだろうね？」って話をしましたよ。「お、前に来たときよりリングサイドが2列増えてる！」とか喜び合ったり。真壁は若手に厳しいけど、自分に一番厳しいですからね。「新日本プロレスはどうあるべきか？」っていう部分で昭和の匂いがする考えかたを持ってるし、昔気質で筋が一本通っていて。彼も昔、お世話になっているスポンサーに「自分はプロレス続けていいんですかね？」って相談するくらいの雑草だったのに、そこから這い上がったわけですから。誰もいまの真壁の姿は思い浮かばなかったんじゃないかな。大学のプロレス研究会上がりってことで、若手の頃は冷ややかな目で見られていたと思いますけど、彼はすべてを覆しましたからね。

――棚橋選手と同期で現在は復帰に向けて療養中の柴田選手のことは、ライガー選手からどう見えていましたか？

僕らの大先輩である柴田勝久さんの息子で、子どもの頃から会場に来てたと思うんですけど、そんなに印象はないんですよね。たぶん、彼の地元が三重で、滅多に会う機会もなかったからだと思うんですけど。僕、坂口さんのところの征夫《ゆきお》と憲二《けんじ》とはよく遊んだんですよ。とくに征夫はプロレスが大好きで、当時から「レスラーになりたい」って言ってたんで、いまの姿を見ると大したもんだなって思います。柴田に関しては入団のときに「柴田さんのせがれなんだ」って知って。彼は親の七光りとかではなく、若い頃からよく練習してましたよ。礼儀もしっかりしてたし、彼も自分にも後輩にも厳しいタイプでしたね。僕は柴田みたいなヤツが好きですから。これはあんまり言ったことないんですけど、彼が新日本を退団するとき（05年1月）に寮で話をしたんですよ。「辞めます」って挨拶されて、「いいんじゃない？　いろんな経験して、また新日本に帰ってきてもいいし」っていうやりとりをして。なんでそんな言葉が出るかっていうと、猪木さんの一言が大きいんですよね。昔、大量離脱で新日本は大丈夫かって言われてるときに、「川は必ず海に流れるんだ」って言われて。「いくら支流で分かれていったとしても、必ずそれは海に流れ着くんだからジタバタすることはない」っておっしゃられて、「カッケー！　まさにそうだよ！」って感銘を受けたんですけど。だから、柴田にもああいうことを言って。

――柴田選手は今年の『G1』最終戦でリングに上がり、一言「生きてます、以上！」と雄叫びを上げました。

あれはカッコよかったなあ。やっぱり、俺は柴田みたいな無骨で不器用なレスラーが好きですよ。いつになるかわからないけど、また仲間がリングに戻る日を楽しみにしてます。

# Chapter.6

# 「レジェンド」結成

## オープン・ザ・ドリームゲート戴冠

――06年の11月19日、ライガー選手はドラゴンゲートに初参戦を果たします。そして、翌年3月にはドン・フジイ選手を下して、ドラゲーの至宝であるオープン・ザ・ドリームゲートのベルトを奪取し、最強の外敵として君臨しました。ドラゲーは闘龍門の流れを汲む団体ですが、どのようなイメージを持っていますか？

あそこは独特な空気を持ってますよ。僕が向こうのベルトを巻いたのもいまから10年以上前なんで、当時は若い選手ばっかりでしたし、初期のみちのくに似た空気というか、「これから俺たちのプロレスを作り上げていくんだ」っていう希望に満ちていて。上がっているコッチとしては、一体感があってすごく気持ちのいい団体でしたね。あと、ドラゲーを観に来ているお客さんは、プロレスファンというよりは〝ドラゲーファン〟という感じだったかな。だからこそ、外敵として戦い甲斐があったたし。

――ドラゲーも人材が豊富な団体ですが、とくに印象に残っている選手は？

ＣＩＭＡくん、ドラゴン・キッド、望月《もちづき》（成晃《まさあき》）選手、フジイ選手……。いい選手がいっぱいいいるんですよ、あそこは。あまり他団体と絡まないというか、独自路線を突き進んでいるところですけど、『スーパージュニア』にはＢＢハルク選手やＹＡＭＡＴＯ選手とかおもしろい選手を送り込んでくれて。向こうもウチに上がるメリットを考えながら、自信のある選手をセレクトしてると思いますよ。ＰＡＣ（現ＷＷＥのネヴィル）にしろ、いまウチに上がっているリコシェにしろ、とんでもないハイフライヤーですもんね。

――ライガー選手が団体内外で新世代の選手たちと競っていく中、00年代後半になると『スーパージュニア』の優勝者の面々も新たな顔ぶれが並んできます。08年には井上亘選手が優勝を果たしました。

井上くんは生真面目なのがリングに表れていましたね。ただ、あまり生真面目すぎると、観るほうも力が入りすぎて疲れちゃうというか。やっぱり、プロレスってどこかで〝余白〟が必要なんですよ。よく「ライガー選手は表情が見えないですけど、楽しそうに試合をやっているのが伝わってきます」って言われるんですけど、そこがそれに当たるというか。井上くんはＣＴＵのいい餌食になっていましたけど、不屈の精神で『スーパージュニア』も獲ったし、ＩＷＧＰジュニアへビーも巻いて。残念ながらケガで引退することになりましたけど、いまは新日本の社員として、会社と選手の両方から信頼を得てうまくつないでくれてますよ。レスラーでデスクワークができるほうが珍しいと思うし、亘っちの性格がうまくフィットしたんでしょうね。

——田《た》口《ぐち》隆《りゅう》祐《すけ》選手は井上選手よりも後輩ですが、一足早くIWGPジュニアヘビーを獲得しました。同期には中邑選手や後藤選手、ヨシタツ選手など有望な選手が多かったですが、その中でも田口選手は身体能力に優れていたそうで。

田口は若い頃からセンスがあって、試合も巧かったですから。そういえば最近、道場で練習したあとに「タグっちゃん、仕上がってるね！」って声かけるとポーズを取ってくれるんですけど、普通は筋肉に力を入れれば身体が大きく見えるのに、なぜか彼の場合は小さく見えるのがおもしろくて（笑）。もともと、ムキムキタイプではないですけど、パワーもあるんですよね。彼のどどんなんか、全身の力とバランス感覚がないとできないですから。

——田口選手は正統派ファイターだったのが「オーマイ・アンド・ガーファンクル」のフレーズをきっかけに独特な個性を発揮するようになり、最近はタグチジャパンの監督として活躍しています。

誰もがわかってるでしょうけど、いまのキャラもしっかりした実力者としてのベースがあるからできることで。でも、若手時代はおとなしいイメージがあったし、このまま器用貧乏で落ち着いちゃうかなと思ってたんで、そこから化けたのは意外だったなあ。同期にはああいう隠し持っ

00年代のジュニア戦線も個性と実力を兼ね揃えた選手たちが活躍。ライガーは『スーパージュニア』で優勝戦線には残るものの、あと一歩のところで踏みとどまることに。

ていた部分を垣間見せていたのかもしれないですけど。いま思えばメキシコから〝ファンキーウェポン〟として帰ってきてから、少しずつ小出しにしてきたというか（笑）。田口が力をつけてきたのを試合を通して体感して、「そろそろ、アイツもメキシコかな」と思って僕が会社に武者修行を進言したんですけど、じつは当時、彼は子どもが生まれたばっかだったらしいんですよ。で、田口もとくに何も言わずにメキシコに行ったんですけど、現地では寂しがってたみたいで、遠征に来ていたほかのレスラーに「俺、ちょっと自分の部屋で泣いてくる」とか言ってたらしくて。それを聞いたときは「ああ、悪いことしちゃったなあ。というか、話があったときに言ってくれよ！」とは思いましたけど（苦笑）。

――当時のジュニア戦線を彩ったミラノコレクションA.T.選手は、新日本移籍前の07年に『スーパージュニア』で初の所属外優勝を果たしました。その後、08年に新日本に入団しますが、10年2月に右目の負傷で引退してからは新日本中継の解説者としてご活躍されています。

僕は最初、彼には本当にイタリアの血が入っているのかと思ったんですよ、ハーフなのかなって。手足が長くてスタイルもいいし、選手名鑑に〝I出身〟とか書いてあったからイタリアの〝I〟かと思ったら、岩手の〝I〟だって知ってズッコケたんですけど（笑）。やっぱり、彼は新日本ジュニアの中では異質でしたね。闘龍門の色というか、自分の身体の利点を活かしたジャベ（メキシコ流の関節技）が得意で。頭のスマートな部分が試合にも出てましたよ。なんか、バスで難しそうな本を読んでいた記憶もあるし。いまの彼の解説を聞いていてもわかると思いますけど、僕が感情メインでしゃべるのとは違って理路整然としているし、おもしろい人材だったと思いますよ。彼とCTU CATSをやったのは忘れられない思い出です（笑）。

## CTU解散

――実力と人気でジュニア戦線を席巻してきたCTUですが、07年8月26日の後楽園で解散を遂げました。その理由としては「メンバーのあいだで、やれることはやり尽くした」ということでしたね。

もう、さんざん好き放題やらせてもらって、いろんな勲章も手にしてましたから。何より新日本ジュニアを活性化させてきたという部分で「もう、いいんじゃね？」と。飽きたとまでは言わないですけど、やっぱりレスラーは刺激を追い求める人種だし、結成から3年経っていつまでも同じユニットにしがみついていてもしょうがないよなってところですね。もともと、互いが互いをよくも悪くも利用してきたユニットで、利用し尽くしたってことだったんでしょう。

――そして、CTUメンバーは散り散りとなり、邪道選手と外道選手はGBH、稔選手とデヴィット選手はRISEに合流し、ライガー選手は蝶野選手の呼びかけにより新ユニット「レジェンド」に参加しました。レジェンドは若い選手たちの壁になることを目的とし、長州選手や越中詩郎《こしなかしろう》選手、スーパー・ストロング・マシン選手など一時代を築いた歴戦の猛者たちが所属していたわけですが、ライガー選手にとってどのようなユニットでしたか？

新日本に本来あるべき競争が、会社がゴタゴタしていたことで薄れていたと思うんですよね。そこを活性化させる部分で、全体を大局的に見えるベテラン勢が組んだ超党派というか。それを見て若い人間が「昔の名前で出てきやがって」って思えば、自ずと熱いものが生まれるし。長州さんと同じユニットになるというのも思うところがなかったわけじゃないですけど、僕たちはプロなんで利用できるものは利用して、共感できるものは共感してやっていくだけなので。ただ、それぞれキャリアが長いんで試合自体はソツがないんですけど、みんな個性が強すぎてわがままだったかな。とくにコンビネーションプレーがあったわけでもないと思うし、控え室もCTUに比べればみんな好き勝手な感じでバラバラで（苦笑）。いまさら自分が他人に合わせるとか、そう

07年8月26日、CTU3年間の歴史にピリオドを打つ解散興行でGBHの襲撃に見舞われる。感傷に浸ることなく、次なる戦いの幕開けとなった。

いうキャリアでもない人たちでしたしね。というか、レジェンドというくくりにしてはキャリアの差に幅がありすぎたんですよ。だって、長州さんなんか僕より10年も先輩ですから。

――現在、ライガー選手は自分が〝レジェンド〟扱いされることに抵抗があるとおっしゃっていますが、すでに10年前からレジェンドというくくりではあったんですよね（笑）。

皮肉なもんだなあ（笑）。僕、本当にレジェンドって呼ばれるのがイヤなんですよ。相手が敬意を持ってくれているのもわかるんですけど、自分にとって大事なのは過去じゃなくて〝いま〟なんで、「昔、こんなことをやり遂げた」とか前の功績を取り沙汰されると、僕がひねくれているのかもしれないですけど隠居扱いされているみたいな気分になるんですよね。トラちゃんなんか控え室で僕のことをしょっちゅうイジってますけど、そういう扱いにしてもらったほうが楽だし。現役のうちは過去がどうこうとかって、あんまり気にしたくないんですよ。いつでも重要なのは〝いま〟であり、〝これから〟なんで。

――そういう向上心の結果が、現在の地位を築かれたんだと思います。

僕、基本的には「次、どんなことやろうかな？」しか考えてないですからね。さすがに最近はキャリア的に「いまやれることをやろう。一戦一戦を大事にしよう」っていう気持ちも大きくなっ

蝶野の呼びかけにより07年8月に「レジェンド」結成。新日本の黄金時代を築いてきた重鎮たちが、次世代の壁となるべく手を取り合った。

てきましたけど、それでもレジェンド扱いされるのは抵抗があって。でも、じつは「レジェンド」っていうユニット名は、僕が映画から取って名付けたんですよ。それは長州さんをはじめ、昭和の時代からメインを張っていた人たちがいたからなんですけど、冷静に考えれば自分にはそぐわない表現でしたね。

――ライガー選手の呼びかけで新日本を退団していたAKIRA選手（野上彰《のがみあきら》）もレジェンドに合流しました。そして、08年2月17日に両国で稔&プリンス・デヴィット組を下し、IWGPジュニアタッグを獲得して。

ＡＫＩＲＡはキャリアが近かったから試合がやりやすかったです。彼は若手時代からいろんな先輩たちが認めるほど、いいものを持った選手でしたし。ＡＫＩＲＡも新日本の格闘技路線に疑問を抱いて辞めたみたいですけど、新日本もずいぶん変わったっていうのを知って、また上がってくれるようになって。

――当時のジュニアタッグ戦線では、若手の内藤哲也選手と高橋裕二郎選手のNO LIMITも台頭してきましたが、ライガー選手にはどのように映っていましたか？

あのふたりはどっちも身体能力が優れてましたよ。彼らがメキシコで修行していたときに、僕

08年4月13日にはAKIRAと保持するIWGPジュニアタッグ王座を賭けて、NO LIMIT（高橋裕二郎&内藤哲也）を迎撃。

も遠征で現地入りしてトリオを組んでるんですけど、現地の反応を見て「コイツら、こんなにブレイクしてるんだ」って驚きましたから。内藤が指で目を見開くポーズを会場中がマネしていて。内藤は性格的に一直線で、当時は試合でもハデにいくタイプでしたね。逆に裕二郎は堅実な感じで、あのタッグのキーマンは彼のほうだったと思います。いま、BULLET　CLUBのタッグマッチを観ていても、試合を締めているのは裕二郎ですからね。

——日本人で唯一BULLET　CLUBに溶け込んでいるのも、その理由があるというか。

本当、そんな感じですよ。いま、内藤と差がついていうように見えますけど、裕二郎の存在っていうのは大きいですよ。あと、解説をやらせてもらっている身としては、裕二郎の試合はプルンプルンしたオネーチャンがついてくるので、そこもポイントが高い！　あんな小さい布でよく隠れるなって、オジサン感心してますよ（笑）。

——解説席の役得ですね（笑）。内藤選手はいまやプロレス界でもっとも人気の高い選手のひとりになりましたが、そこに至るまでには紆余曲折もあったというか。

彼がブレイクしたのもロス・インゴベルナブレス・デ・ハポン（L・I・J）になってからで、その前は何かするたびにブーイングが飛んでましたもんね。「なんでだろ？　何がファンは気に入らないんだろ?」とは思いましたけど。プロレスも難しいですけど、プロレスファンもたいがい難しいですね(笑)。

——さて、AKIRA選手とのタッグでは、この年の12月に大日本プロレスにも初参戦を果たしました。このときは関本大介《せきもとだいすけ》&マンモス佐々木組とのBJWタッグ王座戦に敗退しましたが、ライガー選手は翌年1月には関本選手とのシングル戦で勝利を収めています。関本選手もいまやインディーとメジャーの壁を超越した業界を代表する選手ですが、ライガー選手がシングル戦を行なっていたのも興味深いというか。

いま、大日本さんもまたウチと『LION'S GATE』で交流するようになりましたけど、あそこもおもしろい選手がいるんですよね。昔でいえばTAJIRI選手とか。関本選手もあの身体つきなのに柔らかいレスリングができるし、いいレスラーだなって思いました。なんか、関本選手はウチの北村《きたむら》(克哉《かつや》)とダブるんですよね。アイツもいまがんばっているんで、関本選手みたいになればって思ってます。

## 20周年イヤーでの出来事

――09年はライガーとしてデビューしてから20周年となる年でした。1・4東京ドームではその20周年記念試合として、かつてのライバルである佐野直喜選手と初タッグを結成し、金本浩二&井上亘組に勝利を収めて。

そうか、一応は記念試合をやったんですね。佐野さんとの一連の抗争はライガーの歴史の礎《いしずえ》になっているし、僕にとっては唯一の同期で特別な存在なんですけど、やっぱり向かい合ってこその相手というか、タッグで組んでもあんまりシックリ来なかったかな。そもそも何周年って記念するのも、レジェンドって呼ばれるのに抵抗があるように、個人的には「べつにいいよ、これまでのことは」ってなっちゃうんですよね。ガンコ親父みたいですけど。いま目の前の新しい戦いに全力投球したくて。

――その言葉を裏づけるように、ライガー選手は20周年のこの年はタイガーマスク選手の保持するIWGPジュニアヘビーのベルトに4年ぶりに挑戦したのをはじめ、メキシコでウルティモ・ゲレーロのCMLLへ

09年1月のデビュー20周年記念試合では、自身が“生涯一のライバル”と語る佐野直喜とタッグを結成した。

ビー級王座に挑んだり、ノアの『ジュニアヘビー級リーグ戦』で準優勝を飾ったり、そのほかさまざまな団体に参戦しました。その中でも異彩を放つのが、12月12日にみちのくの『宇宙大戦争』に初参戦を果たしたことで（笑）。

ハハハ！　ウルトラマンのコスプレしたヤツですよね（笑）。いや、あれはサスケから「地球を守らないといけないんで手を貸してください、ウルトラマンロビンがさらわれたんです」って言われたから、「俺でよければ！」ってことで協力したんです（笑）。

——ライガー選手はサスケ選手とタッグを組んで佐藤秀《さとうしゅう》&恵《けい》と対戦しますが、ある種、ライガー選手の特撮好きが具現化した戦いというか（笑）。

あれはもう、楽しかった……、いや、地球を守れてよかったなの一言ですよ（笑）。ただ、試合後に僕がマイクで「ウルトラマンロビン」のことを「ロビンマスク」って言い間違えたのはアホ丸出しでしたけど（苦笑）。『宇宙大戦争』はまだ後楽園で続いてるんですよね？　なんか、サスケは教祖みたいになってるって聞いたんですけど、アイツはどこまでマジなのかわからないのがすごいよなあ。議員をやったり、ワイドショーを騒がせたり（笑）。みちのくも波乱万丈な団体ですけど、堅実な新崎人生《しんざきじんせい》選手がいたからこそ、これだけ続いていると思いますよ。猪木さん

09年12月、ザ・グレート・サスケが地球の危機を救うために毎年繰り広げている『宇宙大戦争』に参戦。ウルトラマンを彷彿とさせるコスチュームに身を包んだ。

と坂口さんみたいな関係というか。みちのくこそ、おもちゃ箱みたいな団体ですよね。また、いつでも上がりたいですよ。地球の危機が訪れれば、宇宙大戦争でもなんでも（笑）。

――そして、この年の12月22日には新日本主催で5年10か月ぶりに第5回『スーパーJカップ』が開催されますが、ライガー選手は1回戦でノアの丸藤選手に惜敗を喫しました。そのまま丸藤正道選手は04年の第4回大会に続いて優勝を果たして。

丸藤選手とはタッグで何度か当たってましたけど、このときがシングルははじめてだったんですよ。『スーパーJカップ』で優勝したあと、彼はトラちゃんからIWGPジュニアを奪って防衛戦を重ねていって、新日本ジュニアを危機的状況に追い込んだというか。最終的にデヴィちゃんが取り返しましたけど、ジュニアの外敵の中では一番インパクトを残した選手かもしれないですね。でも、この『スーパーJカップ』のときは自分が1回戦負けした以上に、強烈なインパクトというか、ハプニングがあったんですよ。解説の山本小鉄さんが男色ディーノ（DDT）にブチ切れて、控え室に「なんだ、あの試合は！」ってすごい剣幕で怒鳴り込んできちゃって。

――ディーノ選手は持ち前のゲイ殺法を全開にして1回戦で邪道選手を下し、2回戦ではデヴィット選手に敗れるも強烈な存在感を発揮しましたが、山本さんは看過《かんか》できなかった、と。

でも、新日本としては『スーパーJカップ』を盛り上げるため、ディーノ選手のキャラクターと実力を評価した上で声をかけて出てもらっているわけですよ。だから、山本さんがディーノ選手を呼んだ新日本の人間に文句を言うのは構わないんですけど、ディーノに対して食ってかかるのはちょっと失礼な話というか。ある種の目玉でもあったわけだし、お客さんも喜んでくれてましたからね。みんな、周りの新日本のレスラーたちは「すみませんでした！」って平謝りで、僕もいまにも殴りかかりそうな山本さんを押さえてたんです。でも、いまだから言える話として、僕は逆に山本さんにキレる寸前で（笑）。

――山本さんに楯突くのは通常の選手なら考えられないですが、藤原選手や長州選手にリング外でブチ切れたことのあるライガー選手なら、ありえなくもないというか（笑）。

いや、あれはある種の事件だったと思いますよ。もし、山本さんに食ってかかってたら、これは冗談じゃなく、そのあと自分は新日本を辞めることになっていたかもしれないですからね。僕は山本さんに新日本に入れていただいた人間ですし、そこで大揉めしたら僕の性格的にも残っていられなかったというか。まあ、ゲイ殺法が原因で辞めるっていうのもアレなんですけど（苦笑）。

もちろん、山本さんには新日本の旗揚げメンバーとして、それに道場で選手たちを鍛え上げた鬼軍曹としてのプライドがあるのはわかるんですけど、現場は現場で大会をどう盛り上げようかっていう部分で一生懸命考えているわけで。そもそも、昔だってメキシコのオカマレスラーが新日本に上がってたんで「何が違うの？」って思いましたし。

——あのときはディーノ選手がお客さんにキスしながら入場するどさくさに紛れて、山本さんのところにも行ったんですよね（笑）。それもプロ根性だとは思いますが。

そうか、それが一番の原因かもしれない（笑）。ディーノ選手も腹くくったんでしょうけど、山本さんの反応は計算外だったんじゃないですかね。あのときの『スーパーJカップ』は、試合以上にそのときの修羅場が思い出に残ってます（笑）。

# Chapter.7

# 獣神再生

## 〝ライガー第2章〟の幕開け

――2010年のライガー選手は海外での活躍が目立ちました。1月からアメリカのROHやPWGに参戦。そして、6月から9月にかけてはCMLLに長期遠征し、団体が主催するトーナメント『カンペオン・ウニベルサル』の決勝でラ・ソンブラを下してウニベルサル王者となって。

まさか、45歳をすぎてメキシコに4か月も行くとは思わなかったですけど、「呼ばれるうちが華だな」と思ってがんばってきました（笑）。その頃から海外から声がかかることが増えていったんですよね。日本を出てリフレッシュというか、ライガーを再生させて戻ってくればまたインパクトを残せるかなという思いもありました。

――海外ではどこでも大歓迎を受けるそうですね。

ありがたいことにファンが大歓声を送ってくれて、サイン会でも「WCWのブライアン・ピルマンとの試合は衝撃的だった」って言ってくれたり、中には自分の足首にライガーのイラストのタトゥーまで入れているファンまでいたり。きっと、ライガーはマスクマンということもあって、

海外でも絶大な人気を誇るライガー。足元にライガーのタトゥーを入れるファンの姿も。ファンのみならず、レスラーからの人気も高い。

20年以上前から風貌が変わらないのでタイムスリップしたような気持ちになるんでしょうね。でも、じつはファン以上に現地のレスラーたちが喜んでくれるんですよ。メキシコに行けばボラさん（ボラドール・ジュニア）はいつもよくしてくれるし、ルーシュなんか彼が小さい頃から知ってるし。

――メキシコといえばライガー選手はＣＭＬＬ遠征の直前、5月3日の『レスリングどんたく』でネグロ・カサスを下し、ＣＭＬＬ世界ミドル級王座を獲得しました。その際、リング上で「ライガー第2章のはじまり」と宣言していますが、このときは何か思うところがあったのでしょうか？

やっぱり、当時の自分を取り巻く状況を考えて、ひとつの区切りを考えるようになったんですよ。新世代も台頭してきた中で、自分には海外からのオファーが増えてきた。基本的にオファーは断らないですし、これからは日本と海外を行ったり来たりして、独自のポジションを築けばいいのかなって。そういう中でＣＭＬＬのベルトが獲れたのは、メキシコの通行手形みたいになりましたね。

――海外の団体に参戦する際、何かハプニングはありましたか？

昔はカルガリーで観客が集まらなさすぎて大会自体が中止になるとか、イギリスで試合中にリ

10年5月3日にはネグロ・カサスを下してCMLL世界ミドル級王座を奪取。長期メキシコ遠征への"通行手形"とした。

ングが壊れたとかありましたけど、最近はそんなにないですよね。ただ、控え室で素顔でちょこんって座ってると、最初は現地のレスラーに「誰だ、この東洋人？」みたいな感じでライガーって気づかれなかったりするんですよ（苦笑）。一応、控え室に入ったときに「ハーイ、アイム・ライガー」って自己紹介はしてるんですけど、発音が悪いのかうまく伝わってないみたいで。それでコスチュームに着替えはじめると「オー！ アー・ユー・ライガー!?」って驚かれるっていう（笑）。

——まさか本人だと思ってなかった、と（笑）。ちなみにライガー選手は海外経験が多いですが、語学は堪能なんですか？

いや、基本はフィーリングですよ。英語もスペイン語も得意じゃないので。日本で外国人レスラーとすごく盛り上がって、その選手がいなくなったあとに僕が「何言ってんだか全然わかんなかったな」って言うと、周りに「いい加減すぎるでしょ」ってツッコまれるんですけど（笑）。まあ、言葉が多少おぼつかなくても僕らの仕事は会議をしてどうのこうのじゃないんで、なんとかなるというか。

——これまでに何か国くらいで試合をしましたか？

2010年6月からはCMLLに長期遠征。16人参加のトーナメント『カンペオン・ウニベルサル』で優勝を果たした。

パキスタン、イラク、フィリピン、北朝鮮、台湾、香港、アメリカ、カナダ、メキシコ、パラオ、イギリス、イタリア、ドイツ、ロシア、オランダ、オマーン……。もっと行ってるかもしれないですね。けっこう、現地のプロモーターから「あの国からもお呼びがかかってるんだけど行かないか？」っていうパターンも多くて。いろんな国に行ってるんで、ウチのカミさんやボウズには羨ましがられますけど、べつに観光地には一切行かないですからね。そもそも仕事であって勝敗も大事だし、「すごい試合だった！」って思わせないといけないですし。それに僕はしっかり寝ないとダメな人間だから時差ボケも大敵だし、現地で練習してればスケジュール的に余裕もないですからね。本当、会場とホテルとジムの往復ですよ。まあ、観光地に連れていかれたら連れていかれたで、一番楽しんじゃうタチなんですけど（笑）。

――この年は海外での活躍が目立った1年でしたが、ライガー選手は5月8日に『スーパーJタッグトーナメント』に、若手時代のYOSHI・HASHI選手（当時・吉橋伸雄《よしはしのぶお》）とのタッグで出場しています。YOSHI・HASHI選手は新日本の入門テストに落ちたものの、合格者が辞退したことで〝繰り上げ入門〟となったそうですが、そのときにライガー選手は「テストに繰り上げなんかない！」と異議を唱えたそうですね。

そうそう。入門テストっていうのはレスラーになる上での最低基準なわけで「そこをクリアしてない人間に厳しい練習が耐えられるのか？」っていう話ですからね。結果論として、いまYOSHI‐HASHIがファンに支持されていることについては「見る目がなくてすみません」とは思いますけど。まあ、入門テストに関しては運が左右する部分も意外とあるんですよ。本当はよくないことですけど、昔は雑用係が足りないからということで本当なら落ちているような人間を採用したり、優秀な人材でも寮に新弟子がいっぱいだったら落としたりとかありましたから。本来、入門テストというのはその人の一生がかかったことなんで、採用する側もちゃんとした基準を持って臨まないといけないんですけど。YOSHI‐HASHIに関しては、その運のよさをちゃんと活かしたんだなって思いますね。

――これは内藤選手がおっしゃっていたんですが、新弟子時代のYOSHI‐HASHI選手と道場で練習をしていたらライガー選手が入ってきた、と。そのときにYOSHI‐HASHI選手はノドが潰れていて、かすれ声を張り上げながら練習していたら、ライガー選手が「なんだ、その情けない声は？　もっと腹から出せ！」とプッシュバーで背中を叩いたそうで。それに対してYOSHI‐HASHI選手が「は、はい〜」とかすれ声で答えて、内藤選手は笑いを噛み殺すのに必死だったそうです（笑）。

アイツ、悪いなあ（笑）。いや、いまの若い選手にもよく「夜の繁華街で静かにケンカしてるヤツなんかいないだろ？」って言って聞かせるんですけど、戦いっていうのは声を出して相手を威嚇することも重要なわけで。とくに大きな会場だと、離れた席のお客さんにまで届かせないといけないですし、そういう部分で「デビューしたらわかるから、とにかく練習では声を出せ！」って、新人には指導してるんです。ただ、そのYOSHI‐HASHIのときはノドが潰れているのを知らなかったから、「なんじゃ、その声は！」ってなったんでしょうね（笑）。

## 10年代ジュニアのキーマン

――2010年前後のジュニアでは、現在第一線で活躍している選手たちが頭角を現してきました。たとえば飯伏幸太《いぶしこうた》選手は他団体所属ながら10年に『スーパージュニア』で優勝し、11年6月にはIWGPジュニアヘビー級王座を獲得して。

飯伏くんはもう10年以上前かな？　最初、小林邦昭さんが佐山聡さんの団体に上がっているのを観て、「いい選手がいるぞ」って教えてくれたんですよ。で、ウチに上がりはじめる前に雑誌

飯伏幸太とは09年の『スーパージュニア』でシングル初対決。ライガー越えを果たした飯伏に対し、「この俺を倒したんだ。団体なんて関係ない。優勝してみい！」と激励。

で彼と対談をしたことがあるんですけど、天然なのかなんなのか会話が成立しなくて（苦笑）。DDTの人に「すみません、こういうコなんです」って言われたのを覚えてます。でも、いざ試合を観たら飛び技もさることながら、もともとキックのチャンピオンだったってことで打撃がすばらしくて「いるんだよなあ、原石が」って思いましたね。

――その後、飯伏選手は13年10月から16年2月まで、DDTと新日本のダブル所属となりました。

でも、彼は新日本の道場には来なかったし、一緒に練習したこともないんですよ。たぶん、僕も若い頃なら「ふざけんな！　新日本のレスラーは道場ありきだろ、それが山本小鉄さんの教えだ！」ってなってたかもしれないけど、飯伏くんのリング上の姿を見てれば何も文句はないというか。やっぱり、この年になってあらためて思うのがレスラーは練習を見せてお金を取ってるんじゃなくて、試合こそすべてなんだってことなんですよね。いくら「俺は道場でこれだけ練習してる」って言ったって、試合がつまらなかったら自己満足でしかないわけで。僕も若手の頃、開場してからリングで〝藤原教室〟をお客さんに見せてましたけど、藤原さんには「試合は練習以上のものを見せろ」って言われてましたし、自分でも心がけてましたから。練習に対しては、自分の意識が変わったところもあるんですよ。昔はある程度のケガなら無理して根性論で練習してましたけど、いまはケガしている若い選手がいると「無理せず休んどきな」って言うようになって。練習で身体を余計に壊してもしょうがないですからね。

――練習に対する考えが変わったのは、何かきっかけがあったんですか?

自分がベテランと言われるキャリアになって、五体満足でプロレスができるありがたさがわかったからだと思います。それはプロレスが好きだからってことに繋がると思うんですけど。活躍の場があってこそのプロなんで、それをケガで棒に振ることがないように若手には伝えてます。

――なるほど。また、この時期は新日本育ちのプリンス・デヴィット選手もジュニア戦線の中心として活躍を果たしました。

デヴィちゃんは道場に入ったときから練習熱心だし、周りのアドバイスも素直に聞くし、わりと人懐っこいところもあって環境適応力に優れてましたね。プロレスってリング上では個人競技かもしれないけど巡業で各地を一緒に回ったり、道場で同じ釜の飯を食ったり、団体競技の側面も強いわけですよ。そういう中で、デヴィちゃんが異質な文化に溶け込んでステップアップしていったのは、本人にハートの強さがあったからだと思います。最初は割とポッチャリしてたんですけど、あれだけのキレッキレの身体を作り上げたし、あとは生まれ持ったセンスも兼ね揃えていて。いま、WWEでトップグループに入っているという部分ではクリス（・ベノワ）を彷彿とさせますよね。そういえば、今年のWWEのキャンペーンか何かで日本に来たときに、道場に寄ってくれたんですよ。そのときも「オー、デヴィちゃん！」「ライガーサン！」みたいにフレンドリーで。

――ライガー選手が15年8月にWWE（NXT）に上がったときも、デヴィット選手と旧交を温めたそうですね。

僕がWWEに上がる前日に、現地の大会をリングサイドで観てたんですよ。そうしたら試合に勝ったデヴィちゃんがわざわざコッチに来てくれて、「ライガーサン、アリガトウゴザイマス！」って話しかけてくれて。「いや、俺、素顔なんですけど」って思いましたけど（笑）。道場育ちだとマシンガン（カール・アンダーソン）も活躍しているし、切磋琢磨した仲間が世界で成功しているのはうれしいですよ。

――現在、新日本ジュニアの牽引役であるKUSHIDA選手が『スーパージュニア』に初参戦したのも、10年の大会になります。当時はまだTAJIRI選手率いるSMASHの所属で。

クッシーはいまでこそ頼もしいかぎりですけど、最初は正直〝頼りないお坊ちゃん〟みたいに見えて。当時は身体つきもゴツいわけじゃなかったし、童顔っていうのもあってか「新日本でやっていけるのか？」と思ったのを覚えてます。実際、試合のときにパワーボムで叩きつけたら、身体がグニャッて丸まっちゃってたので「ほれ、見ろ」っていう。でも、僕はわりと自分で先見の明があるタイプだって思い込んでたんですけど、クッシーに対しては外れましたね。彼は総合格闘技とかルチャのバックボーンを武器に、徐々に新日本の戦いに自分の持ち味をうまくアジャストさせていって。新日本には他団体から移籍した選手も少なくないですけど、外様は外様で慣れるのに苦労していると思うんですよ。所属選手たちはお手並み拝見じゃないけど値踏みするように見るし、つらいこともいろいろあっただろうし。でも、クッシーはそれを乗り越えてそのいまの地位なんで、身も心もタフだと思いますよ。

――いまのヘビー級のトップ外国人であるケニー・オメガ選手も、この10年に『スーパージュニア』初参戦を果たしました。当時はまだDDT所属で。

僕の中でＤＤＴっていうとコミカルなイメージが強かったので、ケニーも最初は「新日本のリングでどのくらいできるかな？」っていう目で見ていた部分があって。でも、どこ所属だろうが飛び出てくる人間は飛び出てくるわけで、ケニーはわりと早い段階から「とんでもないな、コイツ！」っていうのは思いました。あの頃からジュニア離れした怪力の持ち主だったし、飛び技もグラウンドもできて。あとで聞いたら、彼も柔術をやっているって話でしたけど。ケニーもウチに上がりはじめた頃に「子どものときにライガーさんを観て憧れた」って言ってくれたんですよ。そういう選手が新日本外国人のトップにまでのし上がったのはうれしいですね。

## 昭和の偉人たち

——10年8月、ライガー選手の恩人である山本小鉄さんが低酸素性脳症のため、68歳で急逝されました。このとき、ライガー選手はメキシコ遠征中だったんですよね。

そうなんです。会社から山本さんが亡くなられたという連絡をもらって、現地のコーディネーターだったOKUMURA選手に「できれば日本に帰らせてほしい」って伝えたんですけど「アレナ・メヒコの定期戦のメイン出場が決まっているので、穴を空けるのは厳しい」と言われて。こういうとき、山本さんだったら間違いなく「バカヤロー！　プロなんだからちゃんと決められた仕事をしろ！」って言われるだろうなと思ったので、僕はメキシコのスケジュールをこなして、帰国してから山本さんのご自宅に挨拶に伺って。

――ご遺族とどんなお話を?

山本さんの奥さまから「よく、ウチの主人が『山田はマジメだし、信用できる男なんだ』って言ってましたよ」っていうお話を聞いたら、もう涙が止まらなくなっちゃって。あのときはつらかったな……。伝え聞いたところによると、山本さんは亡くなられる直前まで道場に練習に来られていたそうなんですよ。だから、周囲も本当に驚いたと思います。

――山本さんは男気があって、情に厚いかただったそうですね。

僕がメキシコで最初にお会いしたときに「オマエ、金はあるのか?」って聞かれて、「いや、一日ハンバーガー2個でなんとかやってます」って答えたら「バカヤロー! レスラーは身体が資本なんだ。これでメシでも食え!」って、どこの馬の骨ともわからない小僧にポンッと300ドルもくれて。もう、すぐにステーキをたらふく食いましたよ(笑)。山本さんには若い頃から常々、「いまさら身長は伸ばせないんだから、オマエはガンガン練習して横をデカくしろ。それしかないぞ!」って言われて、その教えを実践したからこそいまがあると思ってます。

――道場のコーチであった小鉄さんのキャデラックの音が聞こえると、若手選手たちが震えたという有名なエピソードがありますが、ライガー選手はいかがですか？

僕が入った頃は藤原さんが練習の陣頭指揮と取っていらしたんで、いわゆる〝鬼の小鉄〟の時代は体験してないんです。昔は小鉄さんが食堂で竹刀を持って、若手がメシのノルマを食べきるのを見張っていたって聞きますけど、そういうのも前田さんくらいまでなんじゃないかなあ。でも、いつの時代も山本さんは新日本の道場の象徴だったと思いますよ。もちろん、時代の流れと共に新日本の指導方法も変化しましたけど。やっぱり、馳（浩）が教えるようになったのがターニングポイントになった気がしますね、根性論を残しつつ、合理的な部分も取り入れて。そもそも、僕が若手の頃は受身の練習をやった記憶がほとんどないですからね。そりゃ、多少はやってたんでしょうけど、それよりもサブミッションの練習ばっかりだったんで。

――だからこそ、当時は新日本と全日本のカラーの違いも如実に出ていたんでしょうね。受身は実戦で覚えるようなかたちですか？

むしろ「オマエらに受身は必要ない。レスリングやって相手の関節を取ればいいんだ」みたいな感じですよ。だから、プロレスの王道を貫いたのが全日本で、そういう古き良きプロレスを壊したのが新日本なんだと思いますよ。それをジャパンプロレスのときに馬場さんにプロレスを学んだことのある馳が、新日本の練習も変えていって。でも、基本理念として小鉄さんが口を酸っぱくして言っていた「レスラーはナメられちゃいけない」っていうのは、いつの時代も新日本には息づいてますよ。小鉄さんにお会いすると、常に第一声は「練習してるか?」でしたから。きっと、山本さんも僕を新日本に入れた手前、ヘンな選手になっちゃ困るっていうのはあったんでしょうね。若手の頃はよく、道場の応接間で山本さんが木戸《きど》（修《おさむ》）さんとトランプをやられていて、そこにビールを運んだりしましたよ。

――そして、同年の11月27日には、その小鉄さんのあとを追うように、ヤマハブラザーズのパートナーだった星野勘太郎さんが肺炎で亡くなられました。

星野さんの場合は入院生活が長かったんですよね。だから、亡くなられたと聞いたときは「ゆっくりと休んでください」っていう気持ちになりました。星野さんとの一番の思い出は電話かなあ。若手からすると、星野さんと坂口さんは電話で何を言ってるのか聞き取れないんですよ（苦笑）。いまの本間《ほんま》（朋晃《ともあき》）くんとかの騒ぎじゃないですから。とりあえず、コッチがわからないながらも「ハイ、ハイ!」って話を合わせていると、急に「バカヤロー!」って怒鳴られることもあったんですけど、なんで怒られてるかもわからないっていう（笑）。あとはケンカっ早いことでも有名でしたけど、星野さんの場合は揉めてもお咎《とが》めがないんですよ。僕と星野さんが試合後にやりあったときも、あとで坂口さんから「オマエも洗礼受けたな」って笑ってましたから（笑）。

——山本さんも星野さんも昭和の新日本を語る上で欠かせない方々ですが、ほかにライガー選手が距離の近かった先輩というと？

これは意外に思われるかもしれないですけど、割と木戸さんにかわいがっていただいてました。家族ぐるみのお付き合いがあって、ご自宅に招待していただいたり、鯛を釣りに連れていってもらったり。ゴルフで活躍している娘さんのこともよく知ってますし。

——何か親交が深くなるきっかけがあったんですか？

いや、なんで仲よくしていただいたのか、自分自身が不思議というか……。木戸さんって、すごくキッチリされてるんですよ、あの乱れない髪型を見ればわかるとおり（笑）。巡業中の宿泊先でも整理整頓をされて、几帳面な人間じゃないと自分と同室になるのを嫌がられてたんです。新倉さんがよく同室だったんですけど、すごく緊張するって言われてましたから。僕はそういうときにご指名かかることはなかったんですけど、なぜか遊びの部分では声をかけてもらったんですよね。寡黙な木戸さんと僕は正反対なんですけどねえ。なんでなのか、今度機会があれば伺ってみようと思います。

# Chapter.8

# ブシロード体制

## 『CMLL FANTASTICA MANIA』

――11年からはCMLLからルチャドールが大挙参戦する『CMLL FANTASTICA MANIA』（以下、『CFM』）がスタートしました。それ以降は毎年1月の恒例シリーズとなりましたが、これもライガー選手をはじめとする選手たちがメキシコで活躍し、新日本とCMLLが友好関係を築いたからこそだと思います。

これまで新日本の歴史の中でも、ルチャに特化したシリーズが定着したことはなかったですからね。僕もCMLLに4か月行った甲斐がありました（笑）。この大会は1・4東京ドームが終わったあとなんで新日本の選手もいつもと違いヨソ行きというか、向こうの選手に合わせてマスクを被ったりフェイスペイントをしたり、リフレッシュして楽しんでるんじゃないかな。でも、メキシコの選手も昔と比べると変わったなって思いますよ。アメリカを意識しだしたというか、身体つきもアスリートタイプが主流になってきて。一昔前はカネックとかフィッシュマンとか、ドッシリした厚みのある選手も多かったですけど。

11年からスタートしたCMLLとのコラボ興行『CMLL FANTASTICA MANIA』。ルチャファンを中心に人気を博し、その規模も拡大していった。

――ライガー選手がプロレスラーを目指した第一歩がメキシコですし、ルチャに対しては特別な思いがあるのでは？

　そうですね、いろんな技術があって奥深いですし。ルチャってわりと飛んだり跳ねたりのイメージを持たれがちですけど、僕はジャベも大好きなんで。今年の『CFM』ではVIRUSっていう選手と一切飛ばない試合をやったんですけど、あれは楽しかったなあ。メキシコも毎年のように魅力的な選手が出てきますし、まだ『G1』や『スーパージュニア』でルチャドールが優勝したことはないですけど、そのうち成し遂げてもおかしくないんじゃないかなって。

――近年はマスカラ・ドラダ選手が新日本の留学生となったり、ラ・ソンブラ選手がIWGPインターコンチのベルトを巻いたりと日本で活躍を見せました。

　ドラダを見ていると「サクセスストーリーってこういうものなんだな」って思いますね。メキシコは貧富の差が激しい国なんですけど、ドラダも貧しい環境で育ったので十分な教育が受けられなくて、文字の読み書きもままならなかったらしいんですよ。でも、いまや親御さんに家を建ててあげたって聞きましたから。

――メキシカンの国民性はいかがですか？

みんな情熱的だし、とにかく陽気！　ドクトル・ワグナーJr.は控え室で本ばっかり読んで物静かでしたけど、それが例外というか。『CFM』のときは控え室とかバスとかお祭り騒ぎで、ドライブインに寄ると全然帰って来ないんだ、アイツら（笑）。「アレ、静かになったな？」と思ったら疲れて寝てるんだから、まるで子どもですよ。世話係の下田《しもだ》（美馬《みま》）さんが甲斐甲斐《かいがい》しくまとめてくれていて、ドラゴン・リーなんかまだ若いから注意されてますね。彼はちょっと天然なのか、僕のことを「ヤマダサ～ン、ウィ～ッス！」って本名で呼んでくるのが困るんですけど（苦笑）。ボラさん（ボラドール・ジュニア）は大人なんで、「メキシカンは10時集合なら9時に集まるように伝えないとダメだよ」とか気を遣ってくれてるみたいで。美馬さんとボラさん、このふたりなくして『CFM』は語れないですよ。

――この11年は、8月27日に日本武道館で新日本、全日本、ノアの3団体が東日本大震災の復興チャリティー興行『ALL TOGETHER』を開催しました。あの震災が起こった3月11日、新日本はシリーズ中のオフ日でした。

僕は道場にいたんですよ。ほかにデヴィちゃんと若手がふたりくらいいたかな。あのときは寮もまだ改装前で、柱をガムテープで補強していたようなオンボロでしたから、揺れを感じた瞬間に「なんだコレは!?　寮が潰れるんじゃないか?」と思って、慌てて外に出たんです。そうしたら地面が蛇みたいにうねっていて。で、一旦収まってからテレビのニュースをチェックしたら、津波が家屋や車を飲み込む瞬間が映し出されているわけですよ。それを観たデヴィちゃんが「これはリアルなのか?　いま起こっていることなのか?」って唖然《あぜん》としちゃって。僕もあのときは力が抜けて、気分がドーンと落ちましたね。

——あの直後は会社の中でも予定されている大会をやるべきなのかどうか、議論になったそうですね。

僕も最初は「プロレスで元気を与える?　図々しくないか?　思い上がってないか?」って思ったんです。もっとボランティア活動とか、違うかたちで支援するほうがいいんじゃないかって。実際、新日本もいろいろな支援活動を継続的にやらせてもらってますけど、あのときは「いきなり大会をやるのはどうなんだろう」って疑問に感じました。でも、会場に行くとお客さんが「ありがとう!」や「よく来てくれました!」って言ってくれるんですよね。そういうありがたい言葉をいただいて、プロレスが持っている力を感じたと言ったらおこがましいですけど正解だったのかなって。

——『ALL TOGETHER』ではライガー選手は縁深い佐野選手（当時・ノア）と船木選手（当時・全日本）

とトリオを結成し、鈴木みのる&タイチ&青木《あおき》篤志《あつし》組に勝利を収めました。

そのふたりとタッグを組んだのは感慨深さがありましたし、あの大会もプロレスを通して貢献するという部分で意義のあるものだったと思いますけど、それぞれの団体の事情があるにしろ、その後は継続していかなかったのが残念でしたね。あと、このときに大会のテーマソングを作ってくれたグループ（FUNKIST）のメンバーの女の子が、大会後に病気で亡くなられたのがかわいそうで。この齢になってくると、若い人が亡くなることが本当に悲しく感じるので。

## ユークスへの感謝

――12年1月31日、ユークスが保持していた新日本の全株式をブシロードグループパブリッシングに売却しブシロード体制に移行しました。その発表会見には新日本の全選手が集まりましたが、ブシロードがオーナー会社になることを知らされていた選手はほとんどいなかったそうですね。

僕もちゃんとは聞いてなかったですから。あのときはある種、キツネにつままれたように感じた選手もいたんじゃないかな。木谷高明《きだにたかあき》オーナーが売り上げを3、4年で数倍にするというお話をされたときは、最初「本当にそんなことできるの？」っていう気持ちもありましたし。いまとなっては「おみそれしました！」って感じですけどね。ただ、あのユークスさんからブシロードさんに体制が変わるっていう会見のときは、「なんか、あっけないな」って思ったんですよ。

——あっけないというのは？

新日本が倒産寸前になったときにユークスさんが助けてくれたからこそ、会社もレスラーもファンとの信頼関係を回復することができて、ようやく上昇気流になりかけていたと思うんですよね。もちろん、いろいろな事情を踏まえた上でブシロードさんにバトンタッチしたってことなんでしょうけど、コッチはただその報告を受けた感じだったので「もっと、俺たちはユークスさんに感謝しないといけないんじゃないの？　ビジネスの世界っていうのはこんな感じなのかな」って思って。もちろん、裏では新日本もユークスさんに感謝を示したんでしょうけど、もうちょっと表だってなんかできればなって少し腑に落ちないところがあって。これはあくまで僕個人の意見ですけどね。それでモヤモヤしていたからか、会見で素っ頓狂なことを言っちゃったんですけど。

——ほかの選手たちがブシロード体制への期待を言葉にする中、ライガー選手は「売り上げを何十億、何百

12年1月31日、記者会見に全選手が勢揃いし、ブシロード体制への移行を発表。“新生・新日本”として新たな一歩を踏み出した。

億っていうのを見据えたお話をされていますが、僕はオフにはカミさんとスーパーの安売りに並んでマヨネーズを買ったりしているので突然ケタ違いのことを言われてもわからない。ですが、レスラーである以上やることは練習。悩んでいるヒマがあったらスクワット100回でもせんかいって思ったので、今日帰ったら早速練習したいです」と発言されていて。

短気だから状況を把握できなくて、ひとりでイラッてしたんだろうな（苦笑）。だから、このときは会見が終わってから個人的にユークスの谷口行規《たにぐちゆきのり》社長のところに言って、「本当にお世話になりました、新日本を救っていただいてありがとうございました」って挨拶をさせていただいて。

――では、木谷オーナーはライガー選手から見てどんなかたですか？

フレンドリーに接してくれて、話がしやすいかたですよ。僕らに対してリスペクトを持たれていて、「ああ、この人は本当にプロレスが好きなんだな」っていうのがすごく伝わってくるし。プロレスを盛り立てるためのアイデアもいろいろ持っているかたなんで、お話を聞いていると勉強になります。

――ブシロード体制になってさまざまな取り組みがなされる中で、レスラーがツイッターで自己発信することが推奨されましたが、ライガー選手はやられていませんよね（笑）。

そこは僕みたいなアナログ人間には無理！（笑）。いまだにガラケーだし、周りも「ライガーさんはやらなくて大丈夫です」みたいな感じなんで（笑）。ツイッターとかLINEとか聞いても違いがわからないし、「いま、ここでこんなものを食べてます」とか目に入っても「そんなのどうでもいいわ！　写真撮るヒマあったら熱いうちに食え！」ってオジサンは思っちゃうので。なんか、内藤がベルトを粗雑に扱うことに対して僕が解説で異議を唱えたら、知り合いに「ライガーさん、ベルトの件で炎上してるけど大丈夫？」って言われたんですけど、そもそもその言葉の意味がわからなくて「べつにウチは燃えてないけど？」って聞き返すくらいなんで（笑）。炎上って回線がパンクすることでしたっけ？

――いえ、一般的には自分の言動がきっかけで非難が殺到して、収拾が付かなくなることを指します（笑）。

ああ、「ブログが炎上して謝罪」っていうのはそういうことか！　オジサンとしては「人に非難されて押し通せないくらいの意見なんて言うなよ！」って思いますけどね。まあ、僕はツイッターのやりかたはわからないですけど、ひとつわかるのは、もし僕がはじめたら炎上炎上でずっとファイヤー・ライガーでしょう（苦笑）。どうも僕にはネットのよさは理解できないんですよね、なんか無機質に感じられて。

――ライガー選手は誰にでもフレンドリーでコミュニケーションを大事にされるかたですけど、ある種ネットはそういう部分を遮断したものというか。

だから、一番ネットから離れた人間なんでしょうね。息子はネットでショッピングができるから便利だっていうんですけど、自分で見てもないのに怖くて買えないもん（笑）。

## オカダ・カズチカとの出会い

――ブシロード体制となった新生・新日本で、その象徴となったのがこの年の1・4東京ドームで凱旋帰国を果たしたオカダ選手だと思います。翌2月に棚橋選手を下してＩＷＧＰヘビーを奪取し、一気にスターダムにのし上がりました。

凱旋して王座挑戦をアピールしたときはお客さんもブーイングで受け入れてなかったのに、それを実力で跳ね返して認めさせたんですよね。そういう部分では一時期の棚橋もブーイングを自力で歓声に変えたので、カズチカも似ているというか。坂本龍馬の言葉で「世の人は我を何とも言わば言え。我なすことは我のみぞ知る」っていうのがありますけど、やっぱりトップを取るよ

2007年7月22日のウルティモ・ドラゴン20周年興行ではオカダとタッグを結成(もうひとりのパートナーはミラノコレクションA.T.)。この試合をもって、オカダは闘龍門を卒業し、新日本に移籍することに。

うな人間っていうのは自分の信じた道を貫く力がありますよ。ちょっと炎上したくらいで謝りはしない（笑）。カズチカでいえば〝レインメーカー〟を貫き通して。レスラーはみんなお山の大将で「俺が一番だ」くらいに思ってる人間ばかりですけど、その中でトップを取って新日本を牽引していくっていうのは、よっぽどココ（胸を指して）が強くないとダメですよ。

――ミラノさんはオカダ選手のことを「心臓に毛が生えている」と表現してました。

言い得て妙だなあ（笑）。人が育つのって盆栽と似てるなって思うんですよ。最初からいろいろ手を加えるんじゃなく、自由に太陽を浴びて光合成して、土から栄養を摂って大きくなりなさい、と。ヘンなほうに曲がってきたと思ったら、かたちを整えてあげて。それを最初からいろいろ手を加えたら、植物も死んじゃいますからね。カズチカの場合も周りはどうこう言ってなかったと思いますよ。側に外道がいるし、外道自体もカズチカには放任主義だろうし。

――そもそも、オカダ選手が闘龍門から新日本に移籍したのはライガー選手がきっかけでした。07年5月、ライガー選手がメキシコでウルティモドラゴン選手の自主興行『ドラゴマニアⅡ』に参戦を果たした際に、〝岡田かずちか〟を見初《みそ》めたというか。

ツバつけましたねえ（笑）。いや、のちにどんな選手になるかなんてわからないし、そのときは単純にいい選手だなって思っただけですよ。身体はデカいけど、まだ技術的にどうこう言える段階ではなかったですから。でも、そのときにカズチカは鈴木みのるとタッグで当たっていて、ボコボコにやられてるのに負けん気が強いというか、目は死なずに何度も立ち向かっていってたんですよね。若い、背が高い、気持ちが強い。その三拍子が揃ってたんで「コレ、ほしいな」と思って、ウルティモにストレートに「いい選手じゃん。ウチにくれない？」ってお願いしたんです。あとはウルティモと会社のほうで話をして、スンナリと移籍が決まって。

――オカダ選手は移籍の時点で2年のキャリアがあったにもかかわらず、ヤングライオンとしてスタートしました。

そこは本人が心機一転してはじめたいという気持ちと、新日本としても促成栽培じゃなく、時間がかかってもいいからじっくり育てようっていうところですよね。いま大きな花を咲かせた姿を見れば、間違ってなかったと思うし。カズチカも新日本の練習はきつかったでしょうけど、ウルティモの顔に泥は塗れないっていうのはあっただろうし、持ち前の負けん気の強さで乗り越えたんだから大したもんですよ。

――結果、プロレス界を代表する選手となりました。

棚橋までなら猪木さんと接点があるけど、カズチカは知りませんから、そういう意味でも「新生・新日本の象徴」ですよね。彼が昔の新日本に触れていないことを、僕は否定するつもりもまったくないですし。ビッグバン・ベイダーが（ウィル・）オスプレイの試合を観て「サーカスじゃないんだ」ってケチをつけたらしいですけど、僕は「オスプレイが観たいお客さんがたくさんいて、大きな拍手を送っている。その事実はどこにいくの？」って思うんですよね。人間、自分が輝いていた時代のものが美化されて一番だって思ってしまいがちですけど、お客さんだってバカじゃないし、つまらないものになんかお金を出さないですよ。いま、カズチカは新日本にカネの雨を降らせている、それがすべてだと思います。

## ジュニアタッグの進化

――ライガー選手は12年からタイガー選手とのタッグを本格始動させ、6月16日にはタイチ＆ＴＡＫＡみちのく組を下し、ＩＷＧＰジュニアタッグ6度目の戴冠を果たしました。このときは相手チームにマスクを破られると、その下からは約6年ぶりに鬼神ライガーが姿を現し、狂乱ファイトを繰り広げました。

12年6月16日のIWGPジュニアタッグ王座戦では、タイチの暴挙に対し、鬼神ライガーが約6年ぶりに降臨。

あれだ、リングを作る鉄製の器具でタイチを刺し殺そうになったヤツですね。アレはタイチが悪い！　ライガーはマスクを破られるとリミットが外れるってわかってるクセに、今年の『スーパージュニア』でも仕掛けてきましたから。で、結果的に返り討ちに遭う（笑）。でも、アイツも新日本にいなかったタイプのヒールというか、存在感ありますよ。昔はヒールといえばタイガー・ジェット・シンみたいに強くて悪いヤツだったのが、ああいう小ズルいヒールって日本人のジュニアにはあんまりいなくて。お客さんの「タイチは帰れ！」っていうのもヒールとしては勲章ですし。空間を利用した技があるわけじゃないのに、CMLLでもメインを務めてますからね。でも、あのセコンドの小娘（あべみほ）だけは腹立つんだよなあ。試合をしない人間がリングでプロレスラーにちょっかいを出すのは、僕はNGですから。まあ、僕以上にウチのカミさんがNGなんですけどね（笑）。古いタイプのプロレスファンなんで。

――タイガー選手とのタッグではノアマットにも乗り込み、13年7月にはGHCジュニアタッグ王座を獲得しています。『日テレG＋杯争奪ジュニアヘビー級タッグ・リーグ戦』も13、14年と参戦していますが、その頃になるとノアのジュニアのメンバーも顔ぶれが変わってきたというか。

そうですね。大阪プロレスの原田（大輔）選手とか小峠《ことうげ》（篤司《あつし》）選手、みちのくの拳王《けんおう》選手なんかがいて。個人的には闘龍門でカズチカと同期だった大原（はじめ）選手はおもしろいなって思いました。とことん一点集中型というか、若いのにオールドスタイルだなって。あと、生え抜きの熊野《くまの》準《ひとし》選手が僕の高校の後輩になるんですよ。「オイ、新日本を受けろや！」って思いましたけど（笑）。

――この時期、ノアマットでは以前にも増してライガー選手に対してのブーイングがすごかったというか。

つかみかかってくるようなファンもいたし、いまぶっちゃけると怖かったですよ。ヘンな話、何を持ってるかわからないですからね。コッチが手を出すわけにはいかないし、本当にトラちゃん以外は全員が敵という感じでしたから。そういう状況でもナメられちゃいけないわけなんで、あのときはヒートアップしましたねえ。日本テレビのアナウンサーにも「新日本とノア、どっちが強いと思ってんだ?」ってすごんで、そりゃ向こうは立場的にノアって答えるじゃないですか? そうしたら「ふざけんな、テメー!」って食ってかかったりして、とにかく怒りんぼうオジサンだった（笑）。

――ジュニアタッグでいうと、新日本マットにもフォーエバー・フーリガンズ（ロッキー・ロメロ&アレックス・コズロフ）やヤングバックス（マット・ジャクソン&ニック・ジャクソン）、ｒｅＤＲａｇｏｎ（カイル・オライリー&ボビー・

フィッシュ）が登場しました。ライガー選手も『スーパージュニア・タッグトーナメント』でこれらのチームと戦っていますが、ジュニアタッグの攻防はどんどん複雑化しているというか。

3WAYとか4WAYとか、解説していてもワケわかんないですもん！　これでヘビーみたいに、ジュニアにも6人タッグのベルトとかできたら、解説を放棄します（笑）。でも、よく長州さんが昔、僕たちに「オマエたち、ジュニアだからって飛ばなきゃいけない、ハデな技やらなきゃいけないってことじゃないんだぞ？　レスリングをやった上で、身体のハンデを補うために空中技っていうのはあるんだ。だから、レスリングをしっかりやらないとダメだぞ」って言ってたんですよね。そういう意味では、いまは最初からハイスピードでガンガン飛ぶようになって、それはそれでお客さんにウケているから僕はいいと思うんです。プロレスっていつの時代もそのときどきで流行りのかたちがあって、いまのジュニアはああいう戦いなのかな、と。でも、僕は先輩たちに教えられた戦いを貫いていきたいし、それがライガーのプライドでもあるので。

# Chapter.9

## ライガー最終章

## 引退問題

――14年11月8日、ライガー選手は大阪府立体育会館でチェーズ・オーエンズを下し、NWA世界ジュニアヘビー級王座を奪取します。そのときにマイクで「〝ライガー最終章〟、応援よろしくお願いします！」と告げましたが、あらためてあの発言に至った思いというのは？

自分の年齢のこともありますし、いまの新日本マットの流れの速さを見たときにいつまでもダラダラはやりたくなかったんですよね。「ライガー、まだやってんだ？」って笑われるよりも、「ライガー、まだできるのに」って言われる中で身を引いたほうがいいと思って。自分がファンだった頃を考えると、やっぱりレスラーのことは超人として憧れの目で見ていたわけで、ボロボロになって現役を続けるよりは惜しまれつつ身を引きたいというか。

――レスラーの中には引退したあとに復帰する選手もいますよね。

僕はそれ、イヤなんですよ。以前、天龍さんと対談させていただいたときに「引退と復帰を繰り返すのはみっともないからやめたほうがいいよ」って言われたんですけど、まさに僕も同じ考

NWA世界ジュニアヘビーのベルトを巻いた試合後のバックステージでは、「いまのジュニアの選手と比べたら俺はスピードはないかもしれない。だが、キャリア、パワー、レスリングのテクニックはある」と健在ぶりをアピール。

えで。最後に「ライガー、ありがとう！」って泣いてくれた人たちがいたとして、「やっぱり、プロレスしたいんで復帰します」って言うのもわがままだし、「なんだよ、ソレ！」って思われたくないし。引退したら復帰はしない、それが僕なりの大好きなプロレスへの礼儀という気がしています。

――仮に引退したとしても、プロレスには関わっていきたいという思いは？

そういう気持ちは持っているんですけど、それがコーチなのか解説者なのか、どういうかたちになるかはまだ見当もつかないですね。でも、「まったく関わらないというのも選択肢のひとつなのかな？」と思うこともあるんです。マッカーサーの「老兵は死なず、ただ消え去るのみ」じゃないですけど。そうなったらテレビでもプロレスを観ないかもしれないですね。きっと、観たら「俺ならああするのに！」ってやりたくなっちゃうから（笑）。まだ具体的に引退を考えているわけではないですけど、そろそろキャリアの集大成に入る時期だと思って、あの最終章という発言になったんです。まだ30代前半の頃、長州さんに「そのうち、リングに上がるのつらくなるぞ」って言われたときは「そんなことないよ、プロレスが好きだし」って思ってたんですけど、徐々にツアーの中で1、2回は「つらいなあ」って思うことが出てきて。そういうときは栄養剤なんかを飲んで発奮させるんですけど。

——ライガー選手は常にグッドコンディションを保っていますが、そのつらさというのは心身共になんでしょうか？

そうですね、どっちも連動しているというか。今年、『プロレスリングマスターズ』に出たとき、11年ぶりに復帰した馳が「ライガー、昔から変わらないね」って言ってくれたんですよ。コンディションをキープするのはプロとしてあたりまえだと思いつつも、ひさびさに会う選手にそんなふうに言われてうれしかったんですけど、誰もがそうであるように疲れが年々取れにくくなってくるのは正直なところで。昔は一晩寝れば大丈夫でしたけど、いまは積み重なってきてしんどく感じることがあるんですよね。そうすると「テメー、ぶっ殺してやる！」っていうような鬼気迫る感じよりも、いまは「レスリングを楽しもう」っていう気持ちになることも多くなってきて。いろいろなことを考えた上で、あのときは最終章という表現をさせてもらいました。

——最終章という言葉にもつながる部分があると思いますが、ライガー選手は15年の『スーパージュニア』公式戦でKUSHIDA選手に初敗北を喫した際に、観衆の前で「ジュニアを引っ張ってってみいや」という激励の言葉を贈りました。ある種、ジュニアの立役者が次世代にバトンを渡したというか。

それ以前からクッシー自身が「ジュニアを引っ張っていく」っていう発言をしてましたし、実際にその気持ちを証明するような試合を見せて、ファンからの支持も高まってましたからね。僕も素直にすごいなって感じたので「オマエが引っ張っていくっていうなら、やってみいや」と。べつに「引っ張っていく」っていう言葉自体は、誰が言ってもいいと思うんですよ。「俺が俺が」っていうレスラーたちのしのぎあいじゃないと、新日本らしくないですから。

――これまでのジュニアは主力選手が退団していったりヘビーに転向したりと、ヘビーに比べると世代交代というのが見えにくいというか。

ジュニアを通過点と考えるのは全然構わないんですけど、クッシーは〝生涯ジュニア〟を宣言しているみたいだし、どう盛り上げていくのか期待したいですね。かと思えば、そのクッシーの足を引っ張るように（高橋）ヒロムも一気に台頭してきて。よく、昔からのファンの人に「ヒロム選手はライガー選手の若い頃に似てます」って言われたりするんですよ。まだ、彼が海外で修行中だったときにいろいろ話す機会があったんですけど、いい意味でプロレスに対して古風なこだわりがあるんだなって思いました。「プロレスラーとはかくあるべき」というものをしっかり持っていて。アイツは日本に帰って見事に化けたと思いますね。ＢＵＳＨＩもロス・インゴベルナブレス・デ・ハポン（L・I・J）に入るまでは殻を突き破れずにいたと思いますけど、いまは彼本来の持ち味というかイキイキしてると思うし。野球なんかでもこの監督のときはダメだった選手が、べつの監督になったら成績が伸びるとか聞きますけど、彼もL・I・Jで花開きましたね。

――ジュニア戦線は日本人選手が充実してきたというか。

いまのジュニアは客観的に眺めてもすごく楽しいですよ。このあとには小松（洋平）や田中（翔）も控えていて、ヤングライオンの中でも川人《かわと》（拓来《ひらい》）が戦いの輪の中に加わってきたし、ジュニアは安泰かなって思います。ここ数年は外国人の活躍が目立ってましたけど、若い日本人が存在感を発揮しているので、これからますます盛り上がっていくと思いますよ。そこで僕も〝ライガーここに在り〟っていう姿をどう見せていくのか、それが最終章の大きなテーマだと思っています。

## WWE・NXT参戦

――2015年8月22日、ライガー選手はWWE・NXTの『Takeover Brooklyn』に参戦し、タイラー・

ブリーズ選手と対戦しました。新日本の人気選手がＷＷＥに招かれるのは前代未聞のことだったので大きな話題となりましたが、このときはかつて新日本に参戦経験があり、現在はＮＸＴのＧＭを務めているウィリアム・リーガルから話があったそうですね。

まず、会社から「リーガルとプリンス・デヴィット（現フィン・ベイラー）がライガーさんの連絡先を知りたがっている」って言われたんですよ。でも、ご存じのように僕はアナログな人間でパソコンもやらないので「服部さんに連絡するよう伝えてください」と。それで服部さんを介してリーガルから「90年代にライガーがニュージャパンやＷＣＷのクルーザー級を盛り上げているときに、ＷＷＥも軽量級部門をプッシュしようとしたけど思惑通りにはいかなかった。でも、またＷＷＥも本格的に取り組んでいきたいと思っている。そこで起爆剤のひとつとして、ジュニアの代名詞ともいえるあなたに上がってほしい」っていう説明を受けたんです。

――たしかに昨年、ＷＷＥはクルーザー級のトーナメントを開催し、本格的に軽量級部門のプッシュをはじめたというか。このときは会社も快く送り出してくれたんですか？

そうですね。当時の利害関係を考えた上で了解してくれて。最初はちょっと警戒していた人もいたみたいですけど、もしアッチに勧誘されたとしても僕が断ればいいだけの話なんで。まあ、リーガルには社交辞令みたいな感じで「コーチに興味があるならいつでも連絡してください」とは言われましたけど、「俺は英語わからないから、日本がいいや!」って(笑)。そのリーガルをはじめ、いまのWWEにはロビー・ブルックサイドやディーン・マレンコ、デーブ・フィンレーやジャイアント・バーナード、それにデヴィちゃんとか顔なじみもたくさんいて、みんなが僕の登場をプッシュしてくれたらしいですね。

——実際、間近で観たWWEの光景は刺激になりましたか?

本当、この齢になっていい経験をさせてもらいましたよ。演出から何からその規模がケタ違いだし、選手はみんなスーツで会場入りして、ジャージ姿は僕だけ(苦笑)。バックステージも独特なムードなんですよ。入場口の横あたりにモニターがいっぱいあって、WWEの重鎮がそこでチェックしてるんですけど、入場する直前にビンス・マクマホンさんとジ・アンダーテイカーに「グッドラック」って声を掛けられて。僕もひさびさに緊張しましたからね。

——その帰国後、ライガー選手はほかの選手たちに「ああいう舞台は経験すべきだ。そのためにも英語はちゃんと学んだほうがいい」と伝えたそうですね。

はい、「英語ができなくて100点の選手、英語ができて80点の選手だったら、英語ができるほうが重宝される。世界の大舞台は経験したほうがいい」っていう話をして。そうしたら会社からやんわりと「あまり煽らないでください」って言われたんですけどね（苦笑）。べつに煽ったわけではなく、そういう経験が新日本で活動する上でも必ず糧になるってことを言いたかったんですけど。通常の海外遠征ならブロークンな英語でも問題ないですけど、メジャーになるとやっぱり言葉が重要になってくるんですよ。僕がＷＣＷに何度も上がれたのはマスクマンってことでミステリアスなキャラで、あまり言葉を要求されなかったのも大きいと思うし。これはいまだから言えるんですけど、僕が「ああいう舞台は経験すべきだ」っていう話をしたあとに、（中邑）真輔にボソっと「人生、一度きりですもんね」って言われて。べつにそのときの会話が真輔の背中を押すことになったのかはわからないし、彼は世界を旅するのが好きだから、もともと何か秘めた思いがあったのかもしれないですけど。

――中邑選手は16年2月に新日本を退団してＷＷＥに主戦場を移しましたが、いまや向こうでもトップ戦線に食い込んでいて。

彼ならそこまでいけると思ってましたよ。タッパが高くて語学力もあって、技量も申し分ない。新日本のすごさを世界中に見せつけてくれてますよね。僕、ひとつわからなかったのが真輔の壮行試合のときにファンや関係者が泣いてたじゃないですか？ 真輔がもう新日本に上がらないっていうのならべつですけど、大きなチャレンジをするんだから「悲しみよりも楽しみなんじゃないの？ 笑顔で送り出せばいいのに」って思ったんですよ。大きな姿になって新日本に戻ってくるのを楽しみにしとけばいい話で。実際に旅立った選手が存在感を増して戻ってくる歴史を、僕は何度も見てますから。それに、あのときはAJやマシンガン、ドク・ギャローズなんかも抜けましたけど、その穴を埋める人材は新日本にはいくらでもいるんですよ。みんな虎視眈々《こしたんたん》とチャンスを狙っていて、新たな選手が飛び出せばリングの風景も変わるわけで、僕はいい効果になったと思います。

## IWGPジュニアヘビーへの思い

――2015年もライガー選手はWWE以外の海外の団体にも呼ばれていますが、ビッグネームだけあって現地ではROH世界TV王座やブリティッシュヘビー級王座など、タイトルマッチが組まれることも多いですよね。

じつは現地入りしてからタイトルマッチだってことを知ったりするんですけどね（笑）。でも、僕は昔から言ってますけど第0試合だろうがタイトルマッチだろうが、ベストを尽くすだけなので。その結果として、ベルトはあとからついてくるものというか。けっこう、これまでにいろんなベルトを巻いてきましたけど、正直全部は覚えてないです（笑）。ただ、その中でもIWGPジュニアヘビーに関しては思い入れもあるし、それと共にプロレス人生を歩んできたので。

――ライガー選手はあのベルトの最多戴冠記録11回を保持しています。16年5月3日の『レスリングどんたく』では約6年ぶりに挑戦を果たし、結果は王者KUSHIDA選手に惜敗したものの、底力を発揮しました。

次のチャンスはいつになるかわからない、もしかしたらもう巡ってこないのかもしれないという気持ちを持って臨んだんですけど、やっぱりチャンピオンは強かったですね。最後のホバーボードロックなんかかなりえぐい角度で極めてきたし、そこにはクッシーの「意地でもライガーに参ったさせてやる」っていう意地が伝わってきて。でも、負けはしたけど、あの一戦を通じてまたベルトへの欲が出てきたんですよ。まだまだ、一発勝負なら狙えるっていう手応えを感じて。だから、この最終章の中でもう一回、あのベルトに挑戦したいです。いまはジュニアの層も厚いので

約6年ぶりの挑戦となった16年5月3日のIWGPジュニアヘビー級王座戦。KUSHIDAを相手に重厚なファイトを繰り広げた。

順番待ちも大変ですけど、ＩＷＧＰジュニアヘビーには最後までこだわりたいですね。

――それだけ特別なベルトだ、と。16年7月20日には第6回『スーパーJカップ』が約6年7か月ぶりに開催されました。ライガー選手は7月20日に後楽園で行なわれた1回戦でドラゴンゲートのＥｉｔａ選手と対戦しましたが、ゴング前に奇襲攻撃を受け、94年の第1回のハヤブサ選手を彷彿とさせるようなトペ・コンヒーロを食らったシーンが印象的で。

20年以上経ってもライガーは成長してないなってところですね（苦笑）。あのときは２回戦でタイチにやられたんだよな。ＩＷＧＰジュニアヘビーが特別なベルトであるように、僕にとって『スーパーJカップ』は特別な大会ですけど、さすがに次回は出場する気はないかな。次も6年とか7年後だったら、僕も初老なんで（笑）。もともと、『スーパーJカップ』はダイヤの原石を発掘するのが面白みだったんですけど、第６回のときはＥｉｔａ選手やグルクンマスクが爪痕を残したとはいえ、２回戦以降に新日本とノア以外の選手が残れなかったのが残念でしたね。やっぱり、『スーパーJカップ』は79年の『8・26夢のオールスター戦』を理想にスタートしたので、ファンの夢を叶えるような戦いを繰り広げてほしくて。いまはネット社会なんで、ファンもいろんな情報を持っているし、昔に比べれば新鮮に感じる選手も少ないと思いますけど、それでもオ

16年の『スーパーJカップ』のEita戦では、第1回大会のハヤブサ戦を彷彿とさせるようなシーンが生まれた。

スプレイみたいに目の当たりにすればビックリするようなレスラーもいるんだし。

――オスプレイは16年の『スーパージュニア』で初出場初優勝を成し遂げ、新世代のハイフライヤーとして世界中の注目を集めています。ライガー選手は同年11月にイギリスのＲＰＷでオスプレイと対戦しましたが、そのときにオスプレイは自分のアイドルだったライガー選手に敬意を表すように、全身ブラックのライガーコスチュームを身につけて試合に臨みました。

あのコスチューム、オスプレイが自分で作ったんですよ。で、試合後に被っていたマスクを「記念だから受け取ってほしい」ってことで、僕にプレゼントしてくれて。彼の話で驚いたのは、小さい頃から家の庭にリングがあったっていうんですよね。お坊ちゃんなのかどうかは知らないですけど、親御さんに頼んで買ってもらったらしくて。子どもの頃からリングが遊び場だったから、まだ20代前半の若さであれだけ独創的な動きができるのかもしれないですね。

――とくに『スーパージュニア』でのオスプレイvsリコシェは世界的な話題になりました。

でも、オスプレイはハイフライヤーっていうだけじゃなく、キャッチレスリングもうまいですから。僕、戦ってみてビックリしましたもん。「あ、コイツ、できる！」って。そういうベースがあった上で、あの空中殺法なんで、そりゃ強いよっていうか。リコシェも飛ぶだけじゃなくて、体幹の強さとかパワーとかすさまじいですからね。外国人選手は身体能力でいえば、日本人選手がかなわない部分はありますから。じゃあ、どこで勝負するのか。そこがプロレスの醍醐味だと思うし、手前味噌になりますけど、いまウチのジュニアで戦っているメンバーは本当にバラエティ豊かだと思いますね。

## 最後の『スーパージュニア』

――2017年の『スーパージュニア』の直前、ライガー選手は「今回かぎりで『スーパージュニア』を卒業する」と宣言しましたが、あれは事前に誰かに相談したのでしょうか？

いや、自分で決めました。会社に話したときは驚かれましたけど、ちゃんと自分の気持ちを話して受け入れてもらって。『スーパージュニア』の直前会見のときに、心配して木谷オーナーが声をかけてくださったんですけど、そこでも自分なりの考えをお伝えして尊重していただいて。

――最後の『スーパージュニア』は6連敗と苦しい戦いが続きましたが、最後はタイチ選手にフォール勝ちを収め、有終の美を飾りました。あらためて、21回にわたって参加してきた『スーパージュニア』に対して、いまどんな気持ちを抱いていますか？

何も思い残すことはないですよ。1勝6敗という結果がいまのジュニアのレベルの高さを表しているし、やっぱり新日本ジュニアは世界最高峰なんだっていうのが伝わったと思います。もちろん悔しいのは悔しいですけど、それと同時に次の世代に『スーパージュニア』を安心して任せられるっていう感覚もあって。最後の『スーパージュニア』は、どこの会場でもお客さんにたくさんの声援を送っていただいて、あらためてライガーというレスラーはみなさんに支えてもらったんだなと思いましたね……。というか、「アレ？　俺、引退すると思われちゃってんのかな」とも感じましたけど（苦笑）。たとえば、長州さんや藤波さん、蝶野だって『G1』に出なくなってからもリングには上がってたわけですから。

――ライガー選手の場合は『スーパージュニア』の代名詞という部分が強いですし、〝最終章〟と宣言していた中での撤退なので、観る側も感傷的になる部分があったというか。

一応、僕も「リーグ戦で戦い抜くのは厳しいけど、一発勝負だったらまだまだいける。シングルのベルトを狙っていく」って発言もしてるんですけどね。内藤のベルトの扱いにコメントしたときもそうですけど、やっぱりインパクトのある言葉がひとり歩きしちゃうのかなって。それと

17年5月31日の『スーパージュニア』の最終公式戦では、タイチとセコンドの鈴木軍ジュニアに蹂躙されるも、田口とKUSHIDAのアシストもあり見事に逆転勝利。

同時に「俺、物事の伝えかたがヘタなのかな?」とも思いました（苦笑）。ただ、すぐに引退するとかでは全然ないので、そこはあらためてお伝えしたいです。いまのライガーに見せられるもの、いまのライガーだからこそ見せられるものがあると思っているので。

――実際、ライガー選手はこの『スーパージュニア』の直後、7月にイギリスのRPWで行なわれた『ブリティッシュJカップ』で優勝を成し遂げ、健在ぶりを見せつけて。

これは自分でもちょっと驚きました（笑）。いや、服部さんにも言ったんですよ。「俺、『スーパージュニア』卒業を発表したばかりですよ」って。そうしたら「大丈夫大丈夫、1DAYトーナメントだからユーならノープロブレムだよ」って（笑）。あのときは1回戦で僕のほかにオスプレイ、KUSHIDA、マーティー・スカルが勝ち残って、そのメンツが決勝戦を4WAYで戦うってなったんですよ。で、ほかの3人が削り合っている中で、僕がベテランのインサイドワークでラッキーな勝利を拾ったというか。「よし、勝った!」って思ったのも束の間、服部さんに「ユー、優勝したから8月はタイトルマッチだよ」って言われて、「また、海外かい!」って思いましたけど（笑）。

――ライガー選手は8月17日にRPWでジョシュ・ボドムが保持するブリティッシュ・クルーザー級王座に

挑戦を果たしました。結果は惜敗となりましたが、会場も大盛況だったようですね。

早い段階でチケットは売り切れたって聞きましたね。歓声で迎えられてうれしい思いもありつつ、まだまだ老体にムチ打っていかないとなって思いましたよ。まあ、『スーパージュニア』でビリになって、すぐにほかで優勝っていうのも相変わらず慌ただしいキャリアだなって思いましたけど（笑）。

――海外に行くとライガー選手はいろんな選手に話しかけられるそうですが、新日本に上がりたいという売り込みもあるんですか？

昔はありましたけど、いまは新日本も海外の人材を確保するためのトライアウトをやっているので。（バッドラック・）ファレがニュージーランドに道場を作りましたけど、新日本自体もまたアメリカに道場を作るっていう話もあるみたいだし、こういう流れはいいことだと思いますね。海外でもメジャー団体に所属していないと食べられない選手もいるだろうし、新日本でレギュラーになりたいっていう気持ちの選手は多いと思いますよ。新日本で認められれば、世界中のどこでも通用するレスラーになれるんで。ジュース・ロビンソンなんか、ウチに来てからすごくよくなったと思いますよ。チェーズ・オーエンズにしろ、試合ではビシッといい仕事をしてますから。外国人は外国人同士で、いろんなジェラシーとかがあるみたいですね。でも、ただ仲良しこよしじゃいいものは生まれないし、そうやって切磋琢磨すれば新日本も盛り上がるので。

――近年、新日本は海外戦略も推し進めていますが、17年7月には単独でアメリカ・ロス大会を成功させました。ライガー選手にも大きな声援が送られましたが、今後、新日本がますますワールドワイドになるという手応えのようなものは感じましたか？

新日本の試合内容は申し分ないですけど、やっぱり難しいのは言葉なんですよね。いままで以上に世界を相手にするのであればリング上のマイクアピールにしろ、試合前の意気込みにしろ、英語で伝えることができないと。自分への投資だと思ってしゃべれるようになれば、それが新日本のため、自分のためになるので。

## 解説者・芸能活動

――ライガー選手は新日本の中継の解説を務める機会が多くなりました。

まずは視聴者にわかりやすく伝えなきゃいけないっていうことと、身内意識でしゃべらないようにしようっていう線引きは考えてます。でも、人にものを伝えるのって難しいなって思いますよ。内藤のベルトへの扱いに苦言を呈したときも、一部のファンのかたから「内藤さんが嫌いだからって悪く言わないでください」って意見があったらしくて。僕は解説の中でレスラーとしての内藤の技量は認めていると言っていて、「ただ、あの破壊行為はどうかと思う」って話をしただけなんですけどね。あらためて人に言葉を届けるって難しいと思うし、解説の仕事はすごく勉強になります。

——ライガー選手の解説は話題になることも多いというか。

僕の解説に文句がある人たちがいるっていうのは、知り合いを通して耳に入ってるんですよ。でも、逆に「よくぞ言ってくれた！」っていう意見もあるって聞きますし、物事は賛否両論が起こるほうがいいんじゃないかなって。あたりまえですけど、試合前の選手に「今日はどんな気持ち？」とかちゃんとリサーチもしてますし、そういう選手の機微みたいなものも織り交ぜながら、新しい魅力を視聴者のかたがたに伝えられればなって。そうは言っても「スゲー！」って叫んで解説になってないときもあるんですけど（苦笑）。でも、中継のスタッフさんからは「ライガーさんは思ったとおりにしゃべってください」と言われているので、これはこれでひとつの個性になってるのかなって。

――最近、ライガー選手はバラエティ番組にも引っ張りだこですよね。大御所にもかかわらず、かなり身体も張っているというか（笑）。

そこも賛否両論ありますけどね（苦笑）。ただ、何をやっても賛否があるなら、自分がおもしろいと思うことやればいいかなって。どんな仕事も基本は断らないですけど、無理矢理やらされているわけでもないですし。なんでいま、自分がここまでテレビに出てるかっていうと、棚橋の一言が大きいんですよ。「レスラーはプロレスだけやっておけばいい時代は終わったんです」っていう。いま、プロレス中継が地上波では深夜にやっている中で、いろんなメディアに出て名前を売って、プロレスそのものに興味を持ってもらうのが大事というか。バラエティ番組に出るのもすごく勉強になりますね。お笑いの作法なんですけど、人の注目を集める振る舞いというか。たとえば、何かを食べる企画のときにマスクにゴハン粒がたくさん付いていて、司会のかたにツッコまれたことがあったんですよ。そこで一笑い起きたあとに、ゴハン粒を取ろうとしたらブラックマヨネーズの吉田（敬）さんに小声で「取らないほうがいいですよ」って言われて、そのまま放置していたら「まだ付いてるよ！」ってもう一度ツッコまれて（笑）。タレントさんはみなさんよくしてくれますね。マッコ・デラックスさんの番組に出るときも楽屋にご挨拶に伺ったら、もともとプロレスがお好きだったみたいで「あらやだ、感激！　こちらこそよろしくお願いします」と接していただいて。プロレス以外の番組出演は需要があるかぎり、使命感を持ちつつ、自分も楽しみながらやっていければなって思います。

## 獣神の伝言

――現在、新日本は多彩な人気選手がしのぎを削り、さらに次世代として今年（２０１７年）は多くのヤングライオンもデビューを果たしました。

このキャリアになってとくに強く思うんですけど、とにかくケガだけはしないでほしいです。層が厚いということは、それだけトップを目指す競争も自ずと激しくなりますし。そこを掘り下げて考えると、プロだから魅せるのも重要なんですけど、あまりにも危険なことをやっていいのかなっていう思いもあります。そういうことをしなくても、十分ファンに伝えられるかどうかが、プロの腕だと思うので。やっぱり、ケガして練習できないことほどつらいことはないんですよ。

ただでさえ、最近は首や頭のケガが少なくないですから。僕は寮にいることが多いので、若手選手たちがどのくらい練習してどんな生活をしているのか理解してるし。これも手前味噌になりますけど、新日本はいまも昔も練習量は一番だと思いますよ。

――新日本のOBの中には「昔の練習のほうがすごかった」という意見が聞かれることもありますが、30年以上にわたって道場で練習を見続けてきたライガー選手は、どう思われますか？

僕はむしろ、いまのほうが練習はきつくなっていると思います。昔のプロレスが好きだったというファンの人は、昭和の新日本に対する幻想みたいなものがあるのかもしれないけど、少なくとも僕が若手の頃からこの30年に関しては、いまが一番厳しいですよ。「よくやってるな、俺が若かったら逃げ出してるな」って思いますから。単純に回数を競うなら昔のほうがすごいのかもしれないですけど、いまは科学的なトレーニングを取り入れていて日々鍛錬しているので。昔は根性論をベースに回数で競い合っていた感じですよね。でも、キャリアの長い人が「昔はスクワットを3000回やった」って自慢しつつ、一方で「やりすぎたせいでヒザがボロボロだよ」って文句を言ってたりするのを聞くと、それをいまの若手にやらせるのもナンセンスだと思うし。

――いまのトレーニングは質と量共に理にかなったものということですね。

本当、練習から試合から新日本のリングはレベルが上がってますから。海外で修行中だったときのEVILやヒロム、いまがんばっている小松や田中も「日本の戦いが進化しているから、帰るのが不安です」っていうようなことを言ってましたしね。その中で凱旋してから活躍しているEVILとヒロムはすばらしいですよ。ヤングライオンもいま、将来有望な選手ばかりですから。海野《うみの》（翔太《しょうた》）、八木《やぎ》（哲大《てつひろ》）、成田《なりた》（蓮《れん》）なんかルックスもいいし、あと5年したら新日本の会場がプ女子だらけになるんじゃないかな（笑）。一方で、大きなバックボーンを持っている岡《おか》（倫之《ともゆき》）や北村は、チャンスさえうまくつかめば一気に跳ねるだけの力を秘めているし。北村なんか、何から何までレスラーになるために生まれた男だと思いますからね。

――北村選手はいろいろなエピソードを持っているらしいですね（笑）。

ひさしぶりに現れたトンパチですよ（笑）。アイツ、免許を紛失したんですけど、誰かが警署に届けてくれたのをバイクで取りに行っちゃって、「免許不携帯で乗っちゃダメだよ」って注意されたらしいですから（笑）。あと、近所のスーパーにちゃんこの買い出しにバイクで行って、帰りをどう間違えたのか環八から第三京浜に入っちゃったんですよ。本人は「信号がなくて走りやすいな」と思ってたら、高速隊の人に「ここは50ccのバイクはダメだよ」って言われて（笑）。あ、自分の年齢がわからなくて、ウィキペディアで調べたっていうのも聞いたな（笑）。そんなエピソードばっかで、身体だけじゃなくすべてが規格外ですよ。新日本にはホント、いつの時代も個性の塊みたいな人間ばっかり集まりますね。

――では、ライガー選手が考える〝新日本らしさ〟とはどんなものだと思いますか？

やっぱり、まずは練習の質と量。そして、それに裏打ちされた戦いをリングで見せるっていうことだと思います。猪木さんがおっしゃっていた闘魂をどう表現するのか。そういう核の部分は昔から新日本は変わっていないと思うし。いま思うと、僕は先輩に恵まれましたね。猪木さん、坂口さん、藤波さん、長州さん、藤原さん、前田さん、髙田さん……。そういうかたがたから学んだことは財産だし、それを僕は自分から下の選手たちに押し付けようって気はないですけど、請われれば教えたいと思いますし。でも、このキャリアになってつくづく思いますけど、プロレスって本当に難しいですよ。難しいからこそ、これだけ楽しいとも思うし。ウン、こんな楽しいものないもん（笑）。よく、若いヤツらに言われるんですよ。「ライガーさん、いつも楽しそうですね」って（苦笑）。「ウルセー！」って思いつつも、俺は誰よりもプロレスを楽しんできたんじゃないかなっていう気持ちもあるし。これは語弊があるかもしれないけど、プロレスは観るもんじゃゃなくて、やるもんですよ。

――名言ですね、「プロレスは観るものじゃなくて、やるものだ」(笑)。

いや、ファンの人には「すまん!」って感じですけど(苦笑)。でも、本当にそう思うんですよ。あの6メートル四方のリングの中で、自分がプロレスラーとして何を見せるのか。プロレスは映画と違って撮り直しがきかないですからね。どんなすばらしい役者さんでもNGがあるけど、プロレスはお客さんとの一回きりの勝負。しかもケガと隣り合わせだし、それだけすごいものなんだって、僕は胸を張って言いたいです。

# Special Talk.1

［特別対談］

# 永井豪

（漫画家／ライガー生みの親）

×

# 獣神サンダー・ライガー

## 時代を超えてライガーが愛される理由

場所 ダイナミック企画（都内）

**永井豪**（ながい・ごう）

漫画家。1945年9月6日、石川県輪島市生まれ。

1967年に「目明しポリ吉」でデビュー以降、「ハレンチ学園」「デビルマン」「キューティーハニー」「マジンガーZ」「グレートマジンガー」など数々のヒット作を世に送り出す。永井作品は海外でも高く評価され世界的な人気を博すと同時に、近年では漫画作品が実写映画化されるなど、国や世代を超えて幅広く支持され続けている。プロレス界とも縁が深く、ビッグバン・ベイダー、獣神サンダー・ライガーの生みの親でもある。

## ビッグバン・ベイダー誕生秘話

――今回は獣神ライガーの生みの親である永井豪先生と、ライガー選手の初対談を企画させていただきました。

**ライガー**　先生、ご無沙汰しております！　今日はよろしくお願いします！

**永井**　何年か前にお食事をして以来ですよね。こちらこそよろしくお願いします。

**ライガー**　こうして対談というかたちでお話しさせていただくのははじめてなので、正直緊張しています（笑）。

**永井**　いえいえ、気軽になさってください（笑）。僕は取材でプロレスに関してお話をする機会もなかなかないので、今回は貴重な機会だと思っています。

――そもそも、永井先生は昔からプロレスがお好きだったそうですが、そのきっかけは？

**永井**　僕は昭和27年、小学校1年生のときに石川から東京に引っ越してきたんですけど、当時は力道山とシャープ兄弟の試合中継が街頭テレビなんかで流れてたんですよね。

**ライガー**　そんな時代からご覧になっていたんですね！

**永井**　ただ、街頭テレビは人だかりがすごいので、家庭用テレビを持っている近所のお金持ちの家に行って、興奮しながら力道山の試合を観ていた記憶があります。

――では、永井先生と新日本プロレスの最初の接点は、原作を担当された『プロレスの星 アステカイザー』（1976年にテレビ朝日系列で放送された特撮番組）になるのでしょうか？

**永井**　そうですね。ただ、そのときはアントニオ猪木さんや新日本のレスラーのかたがたが特別出演してくださったものの、僕は撮影現場に行けなかったのでお会いしてはいないんです。

**ライガー**　そうだったんですね。『アステカイザー』にはジョージ高野さんや藤原喜明さんが出演されていたのを覚えています。

**永井**　僕としては『アステカイザー』はすべて実写でやってほしかったんですけど、試合シーンは観客を集めるのが大変だという理由で、その部分だけアニメーションに切り替わっていたのがちょっと残念でした（苦笑）。僕が個人的に新日本のレスラーのかたと接点が生まれたのは、マンガの取材で骨法の道場に取材に行ったときだと思います。

――『骨法伝説夢必殺拳』（『月刊少年マガジン』で1987年に連載）ですね。

**永井**　そのときに堀辺正史先生から「猪木さんの相談に乗っていただきたい」というお話があって、ご本人とお会いしたんです。

**ライガー**　堀辺先生のご紹介だったんですね。

**永井**　それで猪木さんからは「いまのプロレスはマニアックなものになり、昔のように子どもたちが会場に来てくれなくなっています。プロレスの将来のためにもどうにかしたいのですが、知恵を貸してもらえませんか？」と言われまして。僕としては、いきなりタイガーマスクのよ

うな正義のヒーローを登場させてもプロレスマニアからは反発されると思い、「本当に強い外国人レスラーのマスクマンを誕生させては?」とご提案したんです。それで誕生したのがビッグバン・ベイダーなんですけど。

**ライガー**　ベイダーが登場したのはそういう経緯だったんですね。いまはじめて知りました。

**永井**　ただ、こちらの最初のプランとしては「ベイダーが甲冑を脱ぐときに内側に煙が噴き出して、徐々に姿が見えてくるような演出で」とお願いしたんですよ。それを作る人がどう間違えたのか……(苦笑)。

**ライガー**　甲冑の外側に「プシューッ!」と煙が出るようになってましたね(笑)。

――ベイダーはTPG(たけしプロレス軍団)

の刺客として、1987年12月27日の両国国技館大会で初登場を果たしました。

**永井** あのときは堀辺先生とリングサイドで観戦していたんですが、いざベイダーが登場したら会場中から非難轟々で（苦笑）。

**ライガー** ベイダーの登場を受けて猪木さんが急にカードを変更したら、暴動騒ぎになっちゃったんですよね。リングに向けてたくさん物が飛んできて。

**永井** だから、堀辺先生の羽織物をお借りして頭をガードしながら、ふたりで「これはたいへんなことになった」と顔を見合わせて（笑）。

**ライガー** でも、あのときこそ大騒ぎになりましたけど、ベイダーはそのあとにちゃんと実力で新日本のトップ外国人になりましたから。

**永井** そこは「ああ、よかった。本当に強い選手だったんだな」って胸をなでおろしました。やっぱり、自分の作ったキャラクターが弱いとちょっと残念な気持ちになるので（笑）。

## 『デビルマン』のマスクを作ったこともあった

――そのベイダーに続き、今度は『獣神ライガー』をリングでデビューさせようというお話になったのでしょうか？

**永井** はい。ベイダーの登場で〝マスクマンは強い〟という土壌ができたところで、満を持してヒーローを登場させようということになったんです。ちょうど、その時期に僕の原作でロボットもののアニメを作るという話があったので、「これをリング上で登場させたらおもしろいんじゃないですか?」と猪木さんに伝えたところ、一気に話が進んで。

**ライガー**　いやあ、今日ははじめて知る話ばかりです。そもそも、『獣神ライガー』という作品はどのように生まれたんですか?

**永井**　当時はガンダムシリーズをはじめ、いかにもロボットという感じのアニメが流行っていたので、逆に人間に近いようなロボットを作ろうということになりまして。

――それが〝バイオアーマー〟という発想だったんですね。

**永井**　そのときにスポンサーだったタカラさん(現・タカラトミー)から「企画を2本出してほしい」とお願いされて、それぞれライガーとドラゴンをヒーローとした作品を提出したんです。そうしたら「このふたつをひとつにまとめてほしい」と言われて(苦笑)。

**ライガー**　ああ、そのドラゴンがライガーの敵役の魔竜王ドルガになったんですね!

**永井**　そうなんです。きっと「キャラクターグッズが倍作れる」というオモチャ屋さんらしい発想から、ふたつをひとつにという話だったと思うんですけど(笑)。

――では、どの選手がライガーに変身するかという話に関して、永井先生は関わっていらしたのでしょうか?

**永井**　いえ、そこは完全に新日本さんにお任せでした。そうこうしているうちにある日、雑誌の取材を兼ねてライガー選手が「僕がライガーに変身します」ということで、僕のアトリエを訪ねにきてくださって。僕としては、ライガーは全身コスチュームになりますし、試合での消耗度が激しいだろうなと思っていたので、それを乗り越えられるようなやる気のある選手に変身してもらうのが一番だと考えていて。そういう部分で、自分から手を挙げてくれるかたがいて本当にうれしかったです。

**ライガー**　とんでもないです！　僕としては子どもの頃に夢中になって観ていた『マジンガーZ』や『けっこう仮面』の作者である永井先生のキャラクターですし、ただただ光栄というか。『グレートマジンガー』の終盤で、マジンガーZが助けに来たときはうれしかったなあ。あと、じつは若手の頃、完全に個人的な趣味で『デビルマン』をモチーフにしたマスクを作ったこともありました（笑）。

**永井**　そうだったんですね（笑）。もともと、マスクマン願望が強かったんですか？

**ライガー**　そうなんです。自分の顔も好きじゃなかったですし。

**永井**　いえいえ、ハンサムじゃないですか。

**ライガー**　いやあ、勘弁してください（苦笑）。本当、イギリス遠征中に新日本から「ライガーに変身しないか？」という話を持ちかけられたときは「やらせてください！」とふたつ返事でしたから。ただ、あとで聞いたところによると、会社としては船木（誠勝）に変身させようと思っていたらしくて。たしかにライガーの原作の

かっこいいデザインと比べて、僕の体型は似ても似つかないですから（苦笑）。それに対して、船木はスラッとしてカッコよかったので。

**永井**　僕が骨法の道場に行ったときに当時10代だった船木選手が黙々と練習していて、堀辺先生も「彼は非常に稽古熱心で将来有望なんです」と言ってたんですけど、じつは堀辺先生の奥さまが「もうひとり、すごくいい選手がいるんです」ということで、ライガー選手のお名前を挙げてたんです。

**ライガー**　へぇ！

**永井**　しかも「すごくおもしろい選手なんですけど、いまは海外に行っているので、帰ってきたらぜひお会いしてください」とおっしゃられて。でも、申し訳ないのですがライガー選手がアトリエに来たときに、その選手だということに気がつかなかったんですね。あとから、奥さまが絶賛されていた選手だと頭の中で結びついて、「そういう選手なら大丈夫だな」と安心したのを覚えています。

**ライガー** そう言っていただけて光栄です！

## 世界のプロレス界に影響を与えたライガーのデザイン

――ライガー選手がデビューするにあたって、永井先生は「こんな技を使ってほしい」というようなご要望を一切出さなかったそうですね。

**永井** はい。「どういう動きをしてくれるんだろう？」と楽しみにしながら、東京ドームのデビュー戦（89年4月24日・vs小林邦昭）をリングサイドで観ていたんですけど、華麗な空中殺法から力強い技まで、想像以上だったので「ああ、この強さこそライガーだな。いい選手が変身してくれたな」とあらためて思いました。

**ライガー** ありがとうございます。そもそも、原作のライガーはビルより大きいのに、当時のプロレス界で一番小さいような人間がやるわけですから、僕としては最初の段階から自分にできることをやるしかないなって思っていたんです。僕はバイオアーマーでもないですし、ライガーソードも使えないので（笑）。

**永井** でも、試合を観るかぎり、タイガーマスクにもミル・マスカラスにも負けてないなって思いましたよ。

**ライガー**　そう言っていただいて、ただただ恐縮です（笑）。

――もともと、永井先生は原作がご自分の手から離れて、アニメ化や実写化される場合にあまり意見を出されないんだとか？

**永井**　そうですね。マンガを描くのは一生懸命やりますが、ほかのかたちで表現される場合は、それを担当する人が情熱を持って作ったほうがおもしろいものになると信じているので。まあ、僕もマンガを描いているときに、編集者にああだこうだ言われるのが一番頭に来ますし、余計なことを言うのは控えようかな、と（笑）。

**ライガー**　ハハハ（笑）。そういったお考えだからこそ、ライガーのプロレスデビューもお任せいただけたんですね。

**永井**　はい。いい作品にするには口出ししないで委ねるのが一番だと思います。

**ライガー**　僕はガレージキットを作るのが趣味なんですけど、たしかにいろんな人たちが自分なりの『デビルマン』を作っているのを見ると、それぞれ個性があって興味深いですね。

**永井**　たとえ原作があったとしても、作り手というのは何らかのかたちで自分を投影したいと思うんです。それが活かされたものじゃないとおもしろくないし、観るほうも感動しないというか。獣神ライガーというキャラクターをライガー選手にお任せしたからには、新たな命を吹き込んでくれると思って、僕はデビュー当時から見させていただきましたし、実際にそうなったので。

**ライガー**　ライガーのアニメが放映されているときは、僕もその流れに合わせてファイヤー・ライガーやサンダー・ライガーにコスチュームをバージョンアップしていったんですけど、試行錯誤しながら楽しんでやらせていただきました。制作のかたとコスチュームの吸水性や髪の毛の表現方法なんかを相談して。僕はライガーのデザインというのは、世界のプロレス界に大きな影響を与えたと思っていて。ライガーの誕生以降、ツノや毛のついたマスクマンも増えましたから。

**永井**　それはこちらとしてもうれしいですね。

**ライガー**　ただ、一度だけ秋田の会場で試合中、おばちゃんの声で「がんばれ、ナマハゲ〜！」って声援が飛んだときは、思わずひっくり返り

そうになりましたけど（苦笑）。

**永井**　ハハハ（笑）。

## 「今後、二代目ライガーが出ることはあるんですかね？」

――永井先生は、プロレスラーとしての獣神ライガーの魅力はどのあたりに感じますか？

**永井**　試合のクオリティもさることながら、ライガー選手が印象的なのは相手にマスクどころかコスチュームまで破られることも少なくなかったじゃないですか？　それもいままでのマスクマンにはあまり見られなかったですし、新しい魅力の要素になったと思います。観る側にすれば「うわ、破られた！　見ちゃっていいのかな？」とドキドキするというか。

**ライガー**　グレート・ムタと戦ったときは（96年10月20日・神戸ワールド記念ホール）、絶対にコスチュームを破られると思っていたので、顔と上半身にペイントを施しました。ライガーを通じて、プロとしていろんな表現方法が生まれましたし、これも永井先生が自由にやらせてくださったお陰です。

――上半身裸のバトルライガーをはじめ、さまざまなかたちのコスチュームに変身したのも斬新だったというか。

**永井**　原型から離れたデザインでも、誰もがライガーだってわかるのがすごいですよね。それだけファンから愛されて定着しているというか。それ私も何試合か会場で観させていただいているんですが、とにかく忙しいものでなかなか伺えないのが残念で（苦笑）。そういえば、ライガー選手はだいぶ前にベイダーとやったことがありましたよね？

**ライガー**　はい、デビューしてすぐの頃にタッグで当たりました。永井先生が作られたキャラクター同士が対戦したわけですね（笑）。

**永井**　はい。なので、その試合は印象に残っているんです（笑）。ライガー選手があんな大きなベイダーを相手にうまく立ち回って、おもしろい試合をしていたのですごいなと思いました。

――ライガーというキャラクターがプロレスデビューして28年以上経ちますが、いまも多くのファンから愛されていることについて、永井先生はどのようなお気持ちでしょうか？

**永井**　こんなに長いあいだ続けていただいて、ライガー選手には非常に感謝しています。ほかの選手だったらここまで続かなかったんじゃないのかなと思いますね。

**ライガー**　いえいえ、僕のほうこそライガーに変身したからこそ、いまがあると思っています。ライガーというキャラのお陰で海外でも多くのファンが応援してくれますし、ライガーを子どもの頃に観ていた現地のレスラーと、世代を超えて戦うことも多いですし。

――タイガーマスクの場合は二代目、三代目と代替わりしてきましたが、ライガーはデビューからずっと、ライガー選手がマスクをかぶり続けてきました。

**永井**　今後、二代目ライガーが出ることはある

んですかね？（笑）

**ライガー**　どうですかねえ？（笑）。もし誰かがやるのであれば、ウチのオカダ・カズチカみたいにスタイルのいい選手にやってほしいですね。僕みたいな体型じゃなく（笑）。もちろん、僕としては現役の最後までこのマスクをかぶり続けますし、本名ではなく獣神サンダー・ライガーとしてリングを降りる心積もりです。

**永井**　これは僕からのお願いなんですが、そのときはぜひ労いの意味をこめてリング上で花束を贈呈させてください。

**ライガー**　いえいえ、当然こちらからお声をかけさせていただきます！　先生にはデビュー戦のときにも花束を渡していただいて。

**永井**　リング上って、選手が動くとすごく弾むんですね。ライガー選手のデビュー戦のときは花束を渡してからすぐに開始のゴングが鳴って、誘導の人に「危ないので早くリングを下りてください」と言われて。本音を言えば「もうちょっとリングの上にいたかったな」と（笑）。

**ライガー**　すみません、デビュー戦で気がはやり、すぐに相手の小林さんに突っかかってしまいました（苦笑）。先生の作品は時代を超えて多くのファンから愛されていますし、ライガーもより一層そうなるように、これからも精一杯戦わせていただきます。今日は本当にありがとうございました！

**永井**　こちらこそありがとうございました。これからもいちライガーファンとして、ご活躍を期待しています。

# Special Talk.2

［特別対談］

# 千景さん（妻）×貴光さん（長男）

## 家族しか知らない「世界の獣神」の本当の素顔

場所 ライガー選手ご自宅（福岡）

## 引退したら遠洋漁業にでも出てもらって（笑）

――今回はライガー選手のご家族に知られざる獣神の素顔を、掲載できる範囲でお聞きできれば、と（笑）。

**貴光**　はい、なんでも話しますよ（アッサリと）。

**千景**　ウチらは大丈夫だよね、本人はわからないけど（笑）。今日は遠いところをご苦労さまです。

――いえいえ。今回はライガー選手の福岡のご自宅にお邪魔させていただきましたが、都内からこちらに引っ越しをされたのはいつ頃になるのでしょうか？

**千景**　この子がいま26なんですけど、3歳になる年に福岡に移ったのでもう20年は優に超えてますね。ここは私の実家で、私の母親と一緒に住んでいて。

――ライガー選手は野毛の寮にご自分の部屋があって、シリーズ中はそちらで生活されていることが多いんですよね。

**千景**　そうですね。しかも日本のツアーが終わって海外遠征が入ってくると、数か月単位で家を空けることもありますし。

**貴光**　でも、そのくらいがちょうどいいよね。ライガーが毎日ウチにいたら、声もデカいからうるさいし。

――そういう扱いですか（苦笑）。

**千景**　フフフ。でも、もともと結婚前から主人と私は東京と福岡で遠距離でしたし、結婚して

からも巡業で家を空けることが多かったので、わりと家にいないのがあたりまえというか。逆に毎日家にいられたら、それに慣れるのにたいへんかな（笑）。

**貴光**　でも、引退したら毎日ウチにいるんじゃないの？

**千景**　そうしたら、釣りが好きだから遠洋漁業にでも出てもらって（笑）。もしくは私たちが巡業に出ようか？（笑）

――ハハハハ（笑）。そもそも千景さんは〝元祖プ女子〟というか、かなり熱狂的なプロレスファンとして有名ですよね。昔からテリー・ファンクが大好きだったそうで、最近もテリーが新日本の事務所に来るということで駆けつけたとか？

**千景**　よくご存じで（苦笑）。もともと、天龍（源一郎）さんの引退試合（15年11月15日・両国国技館）を観るために上京する予定だったんですけど、その引退セレモニーに参加するテリーが前々日だかに新日本のオフィスに顔を出すっていうことを聞きつけたので、こちらも早めに東京に出てきて（笑）。

**貴光**　もう、テリーさんに会うときは本当に大変なんですよ！　本人を目の前にすると泣きじゃくるし、会場で『スピニング・トー・ホールド』が流れると「キャ〜ッ‼」って猿みたいになって（笑）。プ女子っていうか、プヲタだよね。本当に引くくらいにプロレスの知識があるから怖い（笑）。

**千景**　この子が私のお目付役なんです（笑）。

——貴光さんが小さい頃から、プロレス会場には連れていってたんですか？

**千景**　まだヨチヨチ歩きの頃は私の母に預けたりしてましたね。ＦＭＷとかの場合、場外乱闘のときにちょっと邪魔じゃないですか（笑）。

——なるほど（笑）。じつは貴光さんは、一時期プロレスに興味がない時期があったと伺ったんですが？

**貴光**　そうなんです。４歳の頃に新日本の大会をリングサイドで観てたら、場外乱闘のときに天龍さんにイスを奪られちゃったんですね。それでプロレスが怖くなっちゃって、ずっと行ってなかったんです。でも、小６くらいのときにプロレスリング華☆激（福岡を中心に活動している団体）に連れていってもらったら「やっぱりおもしろいかも」と思って、また観るようになりましそた。

――なんでも16年5月3日の『レスリングどんたく』でライガー選手がＫＵＳＨＩＤＡ選手のＩＷＧＰジュニアヘビー級王座に挑戦したときに、貴光さんは会場でチャンピオンのほうを全力で応援していたんだとか？

**千景**　ハハハ！　全身、クッシーグッズだったもんね。Ｔシャツ着て、首にタオル巻いて、ペンダントまでつけて（笑）。

**貴光**　ライガーのことはべつに応援してないもん（笑）。

## 友だちのお父さんもみんなプロレスラーだと思っていた

――貴光さんは自分のお父さんが有名プロレスラーという部分で、子どもの頃はどういう気持ちだったんですか？

**貴光**　僕、自分だけじゃなくて周りの友だちのお父さんもみんなプロレスラーだと思ってたんですよ。だから、友だちに「お父さん、どんなマスク被ってるの？」って聞いてました（笑）。

**千景**　すみません、ちょっと変わった子なんです（苦笑）。

**貴光**　あと、「お父さん、有名な人なんでしょ？」って聞かれたら、いつも「うどん屋」って答えてました。

――なぜ、うどん屋なんでしょうか（笑）。

**貴光**　いや、なんでかはよくわかんないんですけど（笑）。ライガー本人は「いい身体ですね、何してるんですか？」って聞かれると、「象の飼育員です」って言ってました。

――親子揃って適当な答えを（笑）。ライガー選手は世界的なビッグネームですが、レスラーとしてはどのように映っていますか？

**貴光**　赤くて目立つし、それなりに知名度があって会場も盛り上がるので、地方の大会にはいたほうがいいと思います。

――冷静すぎる分析ですね（笑）。

**千景**　ハハハ（笑）。たしかにあの人は会場を盛り上げるのがうまいと思いますね。東京以外の会場に行くと、ライガーの入場曲が鳴るだけで場内も沸きますし。なので、私もプロレスラーとしては認めています（笑）。

――プロレスラーとしては（苦笑）。ライガー選手は奥さまに他団体の優秀なレスラーを教えてもらっているということで、「ウチのカミさんが影のプロデューサー」とおっしゃっていたのですが？

**千景**　それ、ネットでも書かれていたのを見たことあります（苦笑）。たしかに最初の『スーパーJカップ』の頃はみちのくプロレスが大好きだったんで、サスケ選手やデルフィン選手をすすめたり、あとは「えべっさん、おもしろいよ」と言って、気づいたら『ベスト・オブ・ザ・スーパージュニア』に出たりしたこともありました（笑）。私はけっこう、インディーもよく観戦に行っているので、いい選手がいると主人には伝えてましたね。でも、主人が大袈裟なだけで、言うほど私、影響力はないですよ。

**貴光**　いやいやいや。だって、ライガーよりレスラーに顔が広いでしょう？　デスマッチ系の選手とよく飲みに行ってるし。

**千景**　たしかに葛西純さんたちと飲んだり、佐々木貴さんと回転寿司に行ったりしたことはあるけど（笑）。

## 「夫婦で毎日電話してるし、仲いいと思いますよ」

――ご家庭でのライガー選手の様子はいかがですか？

**千景**　家を空けていることが多いからか、この齢になっても主人のことをちょっと新鮮な気持ちで見られる部分はあるんですよね。よく、周りに「夫婦でどんな会話するの？」って聞かれるんですけど、たまにしか会わないので「こんなことあったよ」みたいに話すことも多くて。「貴光がまたおかしなこと言ってたよ」とか（笑）。

――では、貴光さんから見てご両親の仲はいかがですか？

**貴光**　ああ、仲いいと思いますよ、毎日電話してるし。僕にはバレてないって思ってるんでしょうけど、電話を切るときに「愛してるよ」って言ったり、出かけるときに「チュッ」ってしたり、「夫婦やってんな」って思います（笑）。

**千景**　うるさいよ（苦笑）。たぶん、これが規則正しく毎日18時に家に帰ってくるとかだと、「この人、ちょっと無理」ってなるかもしれないです（笑）。

――いまぐらいがちょうどいい、と（笑）。ライガー選手は家のことはやってくれるんですか？

**千景**　一応、お皿を下げたり、犬を散歩に連れて行ったりしてくれますね。犬も主人が帰ってくると、次はいつ会えるかわからないから離れないので。ただ、主人はテレビのリモコンを常にパチパチやるクセがあるんですけど、あれを見るとイラッとします（笑）。

**貴光**　声がデカいのもちょっとねえ。

**千景**　ああ、主人が電話で話しはじめると、テレビの音が全然聞こえなくなるんですよ。

**貴光**　あとは屁をメチャクチャこくよね、握りっ屁とか。

**千景**　あれは殺意を覚える（笑）。なんか、主人がKUSHIDA選手と飛行機で隣同士になったらしくて、「コッチがずっと屁をこいてるのに、クッシーは気づかないのかなんなのか、何も文句言わないんだよなあ」って関心してました（笑）。

**貴光**　それ、単純に気を遣ってくれてるんじゃないの？（笑）。それと、ライガーにはパンイチで庭に出るのをやめてもらいたい。

――そういえばライガー選手が地元で不審者と勘違いされたという話がありましたよね？（笑）

**貴光**　そうなんです。なんか、小学校のときに不審者情報みたいなプリントが配られたんですけど、「パンツ一丁で小太りで長髪で」って書いてあって、友だちに「これ、貴ちゃんのお父さんじゃないの?」って言われて(笑)。

**千景** ハハハ(笑)。でも、本当に本人かはわからないんじゃない?

**貴光** いや、「手には虫取り網を持って……」ってくわしく書いてあったから、おもいっきりそうでしょ(笑)。

——容疑はクロだ、と(笑)。ライガー選手は誰にでもフレンドリーですし、近所でも有名だったのでは?

**千景** この子の友だちも連れて、近所のプールや遊園地に行ってましたね。巡業から戻ると近所のおばちゃんも「あら、帰ってきてたの?」って気軽に話しかけてくれますし。『ウルトラマンランド』(熊本県荒尾市のテーマパーク。14年9月に閉園)によく連れってくれてたよね?

**貴光** あれは単にライガーが行きたかっただけでしょ。コッチも楽しかったけど、その何倍も本人が楽しんでたもん(笑)。

——特撮好きですもんね(笑)。ライガー選手というと、試合中などにブチ切れる場面も珍しくないですが、家で怒ったりすることは?

**貴光** ケンカはよくしますよ、僕とも母親とも。

**千景** けっこう激しいかもしれない(苦笑)。でも、原因がよくわからないんですよね、途中で「アレ? なんでケンカしてるんだろ?」みたいな。

**貴光** トイレのスリッパを並べるとか並べないとかくだらないことだよ。それで母親が扇風機を投げつけたり(笑)。

――それはたしかに激しいですね（笑）。

**千景**　何回言ってても、わかってくれないからブチっときて（笑）。それでコッチがひと暴れしたあと、主人が「俺に至らないところがあれば直すから」って歩み寄ったときに「トイレのスリッパは並べて」って言ったら、「エエッ、それだけのことであんなに怒ってたの⁉」って驚いてましたけど（笑）。

――〝怒りの獣神〟も驚くほどのブチ切れかただった、と（笑）。

**貴光**　でも、ライガーのほうも子どもっぽいから、「俺はいま怒ってる」みたいなアピールをすることが多いんですよ。それを見て母が「なんでイライラしてんの？」って突っかかって、ケンカになるパターンが定番。僕から見ると、ふたり共かまってちゃん（笑）。

**千景**　そうか、私たちはふたり共かまってちゃんなんだ……（苦笑）。

## 「素直に育てたい」ライガー家の教育理念

――貴光さんはお父さんとどんな原因でケンカを？

**貴光**　自分が好きな芸能人をバカにされたとか、くだらないことですね。昔はブン殴ってやりたいとか思いましたけど、コッチの攻撃は通用しないんで（笑）。あとは僕がトイレに入ってると、いまだに驚かせようとして電気のスイッチを消したりするんですよね。子どもなんですよ、やることが。

――ライガー選手のイタズラ好きはご家庭でも発揮されるんですね（笑）。

**貴光**　昔、家族3人で歩いてたらライガーが急に先回りして、僕たちを驚かせようと物陰に隠れたんですね。でも、僕らのことを他人のおじいちゃんが抜かしていったら、間違えてライガーがその人を「ワアッ!!」って驚かせちゃって、「ああ！　す、すいません!!」って必死に謝ってました（笑）。

――ハハハ（笑）。ちなみにご家族は、ライガー選手の道場でのイタズラ伝説はご存じなんですか？

**千景**　ひどいの一言です（苦笑）。いまのご時世だったら大問題ですよね。

**貴光**　僕、同級生だったら一番嫌いなタイプです（笑）。幼稚園のときにお寿司屋さんに行ったら、大量のワサビを入れた握りを食べさせられましたからね。

――幼稚園児に（笑）。ちなみにライガー選手は父親としての教育理念みたいなものはあったんですか？

**千景**　そんなに難しいものはないですけど、「素直に育てたいね」とは言ってました。ウソをついたり、イジメをしない子にしたいって。あとは「勉強はウチらの子だからあきらめよう」って（苦笑）。でも、中学のときに貴光がひどい点数を取ってきたことがあって、私が「今度、こんな点数だったらブチ殺す」とかテスト用紙に書いたら、それをこの子があろうことか先生に見せちゃって（苦笑）。

**貴光**　「山田のかあちゃん、スゲーな」って大ウケしてた（笑）。

――ライガーファミリーは話題に事欠かないですね（笑）。千景さんから見て、ライガー選手と貴光さんの親子関係はどう見えてますか？

**千景**　「ライガー、ムカつく！」とか言ってますけど、やっぱりなんだかんだ仲いいんですよね。子どもってある程度大きくなると、ご飯を食べたらサッと自分の部屋に戻るじゃないですか？　でも、この子は割と居間に残って父親とくだらない話をしてるので、いい意味で友だちみたいな感じなのかなって。この子の交友関係は、主人も私もよく知ってますし。

――オープンなご家庭なんですね。

**貴光**　僕、なんでも言いますから。

――では、お父さんの尊敬しているところは？

**貴光**　（間髪入れずに）ないです。

――即答ですね（苦笑）。

**貴光**　レスラーの二世のかたがデビューして、みなさんが「偉大な父を……」みたいに話しているのを見ると「本当にそう思っているのかな」って首をひねっちゃうんですよね。

**千景**　あの人たちのお父さんはちゃんと偉大なんだよ。

**貴光**　ウチとは違うんだ（笑）。

――ちなみに貴光さんはレスラーになりたいと思わなかったんですか？

**貴光**　僕、母親に似てメチャクチャ運動神経悪いし、痛いのも嫌いなんです（笑）。あと、父親もやらせたくないって言ってたんで。

**千景**　やっぱり、自分が経験していると、きつい思いを子どもにさせたくないっていうのはあるんでしょうね。

**貴光**　昔、新日本で大会がはじまる前にやっていた「ちびっ子プロレス教室」に一回だけ参加したことがあるんですけど、最初の準備運動で足をつっちゃったので「あ、俺、ダメだ」って思いました（笑）。でも、たまに自分が試合に出る夢を見たりするんですよ。マスクマンなんですけど、たぶんコレ（ライガーのマスクを指して）を被ってるんだと思います。

――へえ！　ライガー選手はマスクコレクターですけど、貴光さんはご興味は？

**貴光**　あ、僕もマスク好きで、最近も小松洋平選手のＦＵＪＩＮのマスクを買って被って遊んでます。

**千景** マスクを見て単純に「かっこいい！」とかならわかるんですけど、この子も主人の影響なのか、まずは職人さんみたいに縫い目とか生地とか気にするんですよね（笑）。

## ライガー以外のレスラーの影響で表現の道へ

——あと、ご家族にお聞きしたかったのが、最近のライガー選手のバラエティ番組でのご活躍ぶりで（笑）。

**貴光** （母親のほうを向いて）これは思うところがあるんでしょ？（笑）

**千景** う〜ん。私としては「こういうプロレスラーがいるんだ。おもしろそうだから会場に行ってみようかな」っていうきっかけになる分にはいいんです。ただ、なんでもかんでも出ればいいってもんじゃないとは思っていて。私は古いタイプのファンなので、プロレスラーが笑われるのはイヤなんですよ。

**貴光** 笑わせるのはいいけど、笑われるのはイヤってことだよね。でも、本人も出演に関して家族に相談とかないんで、あとでオンエアを観て母がイラッてしたり（笑）。

——芸人のアキラ１００％さんのようなお盆芸をやったことについては？

**千景** あれはイヤでした（笑）。かなり昔、ウッチャンナンチャンの番組で主人が全身タイツを着たことがあったんですけど、私も若かったので、ちゃぶ台を引っくり返したことがあったんですよ（苦笑）。それ以来バカなことはしないって話だったんですけどねぇ。お盆に関しては一応、メールで「観たよ。私は好きじゃない」って送りました（笑）。

――注意を喚起した、と（笑）。こうしてライガー選手はプロレス以外に芸能方面でも活動されているわけですけど、じつは貴光さんはプロのミュージシャンを目指しているとか？

**貴光**　はい。一応、仕事をしながら歌をやっていて。父親には「俺はやりたいことをやってきたから、オマエもそうすりゃいいよ」って言われているので、無理のない範囲でチャランポランと（笑）。最初はジャズダンスをやってたんですけど、自分で限界を感じて、もともと好きだった歌のほうを目指そうと思って。

――バンドを組んでいるんですか？

**貴光**　いや、ひとりでR&Bや洋楽を歌っていて。一応、福岡のコンテストで優勝したんですけど、全国ではボロボロでした（苦笑）。

――人前で表現するという部分では、ライガー選手の影響もあるのでは？

**貴光**　ライガーというか、プロレスラー全体だと思います。小さい頃からいろんな人が好きだったんですけど、その中にライガーが入ったことはないので（笑）。

――お父さん、切ないですね（苦笑）。ちなみにどういうレスラーが好きだったんですか？

**貴光**　最初はみちのくの薬師寺正人選手が好き

で、いまはＫＵＳＨＩＤＡ選手や小松選手、田中翔選手が好きです。棚橋選手もすごく応援してました。ライガーが棚橋選手のケガしたところを攻めたときは、帰ってきてから説教して（笑）。子どもの頃、棚橋選手のサイン会に言ったら「パパだよ～」って言われたこともありました（笑）。

**千景**　かっこいいパパだね（笑）。

**貴光**　そういえば天神を歩いてたら、たまたま中西（学）さんと出くわして、手に持ってた煎餅をくれたんですけど、「コレ、食べかけやん！」って思ったこともあります（笑）。

――プロレスラーにまつわるエピソードも事欠かないですね（笑）。そんなプロレスラーの影響で、人前に立つ仕事に興味を持った、と？

**貴光**　はい、子どもの頃から目立ちたがり屋でしたし。去年、ライガーが『レンタル救世主』（日本テレビ系列で16年10月～12月に放送）っていうドラマに本人役で出演したんですけど、その息子役を演じたジャニーズＷＥＳＴの人が、周囲に「ライガーの息子」って言われ続けて、「〝ライガーの息子〟じゃなく、俺自身のことも見てほしいんだ！」みたいなセリフがあったんですけど、「気持ち、メッチャわかる！」と思って（苦笑）。

――お父さんがビッグネームだと、そういう悩みがあるわけですね。

**千景**　貴光が前に言ってたんですよ。「〝ライガーの息子〟ってライガーありきだし、アリクイみたいなもんだよ。アリがいてこそなんだから」

って（苦笑）。

**貴光**　いや、ホントにそう思うもん。だから、僕も自分の力で人前に出たいなって。自分がレスラーになりたくない理由も、父親を越せないからっていうのは正直あります。

**千景**　じゃあ結局のところ、ライガーは偉大なんじゃない？（笑）

**貴光**　……そうかも（笑）。

## 〝ライガー最終章〟は納得するまでやってほしい

――ライガー選手が今年、『スーパージュニア』からの卒業を発表しました。ご本人は現在を現役生活の〝最終章〟と位置づけていますが、ご家族の立場から何か思うことはありますか？

**千景**　基本的に本人のキャリアについては、意見を言わないようにしてるんです。ただ、個人的には何年も前から『スーパージュニア』は卒業でもいいんじゃないかなって思っていました。でも、卒業した直後にイギリスのトーナメントで優勝したって聞いて、「元気だなあ」って（笑）。

**貴光**　僕も本人に何か意見したりはしないです。ただ、向こうからわりとプロレスの話題を振ってくるんですよ。僕が会場に観にいったときに「俺の試合、どうだった？　周りの反応どうだった？」って聞いてくるので、面倒なときは「ごめん、ちゃんと観てなかった」って答えて（笑）。父親は自分の試合だけじゃなく、その日の大会全体を気にしたりしてますね。

**千景**　たしかにそうだね。

**貴光**　〝最終章〟に関しては、僕はプロレスラーには強いものであってほしいですし、衰えを感じさせるよりは元気なときにスパッと辞めたほうがカッコイイと思うので。

**千景**　そのあたり、本人もいろいろと考えていると思うので、私としては納得するまでやってもらえれば。

――では、最後にライガー選手にいま一番伝えたいメッセージをいただけますか？

**千景**　いま一番伝えたいこと……。「人の話をちゃんと聞け！」ってことですかね（笑）。聞いてもすぐに忘れちゃうのか、同じこと何回も聞いてくるし、それはヨソでもそうみたいなので、ちゃんとしてほしいかな。まあ、リング上のことに関してはいまさらというか、いろんなことをやってきたと思うので、あとはケガさえしないでもらえれば。

**貴光**　僕も同じで、大きいケガをしないでがんばってくれればと思います。あと、ほかの新日本の選手のかたたちには芸能人の友だちがいて、家族ぐるみでご飯を食べに行ってきたとか、けっこう耳にするんですよね。でも、ライガーはあれだけテレビに出ているのに友だちがいないので、もっと芸能界で交友関係を広めてほしいです（笑）。

**千景**　ジャニーズWESTとかね（笑）。

# あとがき

１９８３年にメキシコで山本小鉄さんに拾ってもらい、憧れの新日本プロレスでデビューしてから34年が経ちました。

聞いたところによれば、その当時の棚橋弘至は小学校1年生。オカダ・カズチカに至ってはまだ生まれていなかったそうです。そう考えると長い年月ですが、自分としてはあっという間だった気がしています。いろんなことがたくさんありましたし、昔は理解できなくても、この年になってわかることが少なくありません。あのライガーも少しは大人になったのかなと思っています。

今回は上下巻にわたって、はじめて自分の半生を振り返ってみましたが、本来の僕は自分の過去を振り返るのは苦手な性分です。でも、〝ライガー最終章〟を掲げる中、今年で『ベスト・オブ・

ザ・スーパージュニア』卒業を発表したいまだからこそ、ひとつの区切りとしてこれまでの自分の足跡を辿ってみようと思いました。蓋で閉じ込めていた記憶を思い返す作業は、いろんな感情が湧き出してきて新鮮でした。読んでくださったみなさんがどんな感想を持たれたのか、興味深いところです。

個人的にプロレスというものは、人生の映し鏡だと思っています。さまざまなレスラーが生き様をぶつけあうからこそ、観る側の心を震わせることができるんじゃないかな、と。ファンのみなさんにはせっかくプロレスを好きになったのなら、そのままずっと好きでいてほしいですね。プロレスは長く観れば観るほど、多くの楽しみかたができるのが、何よりの醍醐味だと思うので。若い選手だけじゃなく、オジサンにも優しくしてもらえるとうれしいです（笑）。

僕はプロレスに巡り会えて本当に幸せ者だと思います。よく、いろんな人から「ライガーはプロレスがあってよかったね。プロレスラーじゃなかったら何やってたんだろ？」って言われるんですよね。自分でも想像がつかないし、この齢になってあらためて「コレしかないでしょ！」って、ひしひしと感じています。プロレスのことを出会ってからずっと大好きですし、いまも僕はプロレスファンですから。

自分のキャリアの中でも一番大きなターニングポイントになったのが、このライガーのマスクを被ったことだと思います。ライガーになったからこそ、長いあいだ支持していただき、これだけプロレスを続けることができたと言っても過言ではありません。ファンのかたの中には「新日の会場で『ジャジャジャジャ〜ン、ジャジャジャジャ〜ン♪』っていうライガーのイントロを聴かないとスッキリしない」と言ってくださるかたも多いので、そういう声を励みにこれからもリングに上がり続けたいと思います。

最後にここまで僕を支えてくれたファンのみなさん、新日本のレスラーや関係者、そして家族に感謝を表したいと思います。ライガー最終章、みなさんの期待に応えられるよう、全力で駆け抜けます！

獣神サンダー・ライガー

本書は書き下ろしです。

# JYUSHIN THUNDER LIGER HISTORY 2000-2017

## 獣神サンダー・ライガー 年表

| | |
|---|---|
| 2000 | 4月1日●仙台市体育館での第3回『SUPER J-CUP』(みちのくプロレス主催)に出場。4月9日の両国国技館での優勝決定戦でCIMAを下し、2連覇を達成。 |
| | 8月7日●『G1 CLIMAX』に初参戦。戦績はAブロック1勝3敗(5人中4位タイ)。 |
| | 11月17日●第1回『G1タッグリーグ』にスーパー・ストロング・マシンとのタッグで初参戦。戦績は2勝4敗(7チーム中5位タイ)。 |
| 2001 | 1月28日●全日本プロレスの東京ドームに参戦し、初対戦の渕正信に勝利。 |
| | 3月6日●大田区体育館でエル・サムライとのタッグで金本浩二&田中稔組を下し、IWGPジュニアタッグ2度目の戴冠(第6代)。 |
| | 4月9日●大阪ドームで欠場した金本に代わって村上和成と対決。大荒れの展開の末、反則勝ち。 |
| | 4月19日●後楽園ホールで武藤敬司に敗退。 |
| | 5月18日●第8回『ベスト・オブ・ザ・スーパージュニア』に2年ぶりに参戦。史上初の全勝優勝を達成。 |
| | 8月4日●『G1 CLIMAX』に2度目の参戦。戦績はBブロック1勝3敗1分け(6人中5位タイ)。 |
| | 10月19日●別府ビーコンプラザで武藤とのタッグで藤波辰爾&西村修組のIWGPタッグに挑戦するも敗退。 |
| | 11月25日●サムライとのタッグで『G1ジュニアタッグリーグ』優勝。 |
| | 11月30日●第2回『G1タッグリーグ』に西村とのタッグで初参戦。戦績は3勝4敗(8チーム中4位タイ)。 |
| 2002 | 1月20日●プロレスリング・ノアの後楽園大会に稔と共に来場。対抗戦の火蓋を切る。 |
| | 5月2日●東京ドームで田中とのタッグで邪道&外道組を下し、IWGPジュニアタッグ3度目の戴冠(第8代)。 |
| | 5月18日●第9回『ベスト・オブ・ザ・スーパージュニア』に参戦。戦績はAブロック4勝1敗1引き分け(7人中2位)。 |
| | 8月29日●日本武道館で菊地毅&金丸義信組に敗れ、IWGPジュニアタッグから陥落。 |
| | 11月30日●パンクラスの横浜文化体育館で、佐々木健介の代役として鈴木みのると対戦。チョークスリーパーに敗れる。 |

2003
1月26日●ノアの神戸ワールド記念ホールで金本とのタッグで菊地&金丸組を下し、IWGPジュニアタッグ4度目の戴冠(第10代)。

2月1日●大阪プロレスの大阪城ホールで村浜武洋とのタッグでブラックバファロー&ツバサ組を下し、大阪プロレスタッグ王者となる(第7代)。

2月8日●K-DOJOの本川越ペペホール・アトラスで真霜拳號に勝利。

5月23日●第10回『ベスト・オブ・ザ・スーパージュニア』に参戦。戦績はAブロック4勝2敗(7人中3位タイ)。

8月24日●後楽園で金本とのタッグで吉江豊&棚橋弘至組のIWGPタッグに挑戦するも敗退。

10月15日●第3回『G1タッグリーグ』に蝶野正洋とのタッグで初参戦。戦績は1勝6敗(含む5不戦敗・7チーム中7位)。

12月6日●大阪プロレスのフェスティバルゲートでビリーケン・キッド&タイガースマスク組に敗れ、大阪プロレスタッグから陥落。

2004
1月4日●東京ドームで杉浦貴を下し、第8代GHCジュニアヘビー級王者となる。

2月21日●大阪城ホールでの第4回『スーパーJカップ』(大阪プロレス主催)に出場。スペシャル6人タッグとしてスペル・デルフィン&新崎人生と組み、CIMA&KENTA&ヒート組と対戦。

5月22日●第11回『ベスト・オブ・ザ・スーパージュニア』に参戦。戦績はAブロック4勝2敗1引き分け(8人中3位)で優勝決定トーナメント進出が決定するも、ケガのため棄権。

7月3日●大阪プロレスに邪道&外道&竹村豪氏と参戦。

7月6日●邪道&外道&竹村とCTUとして正式始動。

7月10日●ノアの東京ドームで金丸に敗れ、GHCジュニアヘビーから陥落。

7月19日●月寒グリーンドームで佐々木健介とのタッグで髙山善廣&鈴木みのる組のIWGPタッグに挑戦するも敗退。

9月11日●宇都宮市体育館でCTUが蝶野と合体を表明し、反体制勢力を拡大(のちのブラックホール軍)。

10月9日●両国に姿を現した長州力に対し、「勝手に出て行って勝手に戻ってきて、都合いいこと言ってんじゃねえ!」と食ってかかる。

11月5日●アメリカROHでブライアン・ダニエルソンに勝利。

11月13日●新日本の大阪ドームと同日、CTUがZERO-ONEの大阪府立体育会館第2競技場に乱入し、長州を襲撃。

2005
3月13日●愛知県体育館でマスクドCTUとして初登場。

4月19日●第1回『NEW JAPAN CUP』に参戦。1回戦で天山広吉に敗退。

5月14日●東京ドームで蝶野とのタッグで三沢光晴&藤波組と対決。三沢とは最初で最後の遭遇。

5月21日●第12回『ベスト・オブ・ザ・スーパージュニア』に参戦。戦績はBブロック4勝2敗（7人中2位タイ）。

5月31日●新日本のイタリア遠征に参戦。

10月23日●アメリカTNAに初参戦し、サモア・ジョーに敗退。

2006 1月4日●ドームで金村キンタローを中心とするアパッチ軍と対戦し、抗争が勃発。

3月19日●東京両国でCTUvsアパッチのイリミネーションマッチに敗北。同日、新木場1stRINGで行なわれたアパッチの大会に乱入。

4月14日●アパッチの後楽園で髪の毛を切られ、怒り心頭のまま鬼神ライガーの復活を示唆する。

5月14日●TNAの『X CUP』（国別対抗の時間差バトルロイヤル）にCTUの稔、後藤、ブラックタイガーと共に参戦。

5月27日●第13回『ベスト・オブ・ザ・スーパージュニア』に参戦。戦績はAブロック5勝1敗（7人中1位）。決勝トーナメントに進出するも準決勝でタイガーマスクに敗退。

7月30日●CTU興行で鬼神ライガーとして、BADBOY非道に勝利。

8月6日●第16回『G1 CLIMAX』に5年ぶりに参戦。Aブロック1勝3敗（5人中4位タイ）

10月15日●第5回『G1 タッグリーグ』に天山広吉とのタッグで参戦。戦績はAブロック1勝1敗2引き分け（5チーム中2位タイ）。優勝決定トーナメント進出を賭けたAブロック2位決定戦で、棚橋&金本組に敗退。

10月21日●アクロス福岡での『レッスルランド』にハラキリ・ハカタ2号として登場。

11月19日●ドラゴンゲートの博多スターレーンに初参戦。

12月24日●後楽園でCTU CATS-THUNDER TAMAとして、CTU CATS-MIKE A.T.（ミラノコレクションA.T.）とのタッグで登場。猫ムーブで場内を沸かすもタイガーマスク&X'masタイガー組に敗退。

2007 1月4日●CTUが全日本プロレスのブードゥー・マーダーズと合体。

3月25日●ドラゴンゲートの津市体育館でドン・フジイを下し、第7代オープン・ザ・ドリームゲート王者となる。

5月13日●メキシコで『ドラゴマニアII』に参戦。後藤とのタッグでドクトル・ワグナーJr.&ネグロ・カサス組に敗退。

5月25日●『闘龍門CANADA』のプレ旗揚げ戦に参戦。PUMAとのタッグでウルティモ・ドラゴン&岡田かずちか組に勝利。

5月26日●カナダ『UWAハードコア』に参戦。ウルティモとのタッグでアレックス・シェリー&クリス・セイビン組に勝利。

6月1日●第14回『ベスト・オブ・ザ・スーパージュニア』に参戦。Aブロック4勝2敗（7人中3位タイ）。

6月26日●記者会見でCTUの発展的解散を発表。

| | |
|---|---|
| | 7月1日●ドラゴンゲートの神戸ワールド記念ホールでCIMAに敗れ、オープン・ザ・ドリームゲートから陥落。 |
| | 7月22日●闘龍門の後楽園に参戦し、岡田&ミラノとトリオを結成。この日を最後に、岡田が同団体を卒業し、新日本に移籍。 |
| | 8月11日●両国で長州、蝶野、越中詩郎、スーパー・ストロング・マシンと新ユニット「レジェンド」を結成。 |
| | 8月26日●後楽園でCTU解散興行を開催。 |
| | 8月30日●みちのくプロレスの後楽園で第4回「ふく面ワールドリーグ戦」に初参戦。9月1日のZepp Sendaiでの2回戦で義経に敗れる。 |
| | 9月30日●新日本のパラオ興行に参戦。 |
| 2008 | 2月17日●両国でAKIRAとのタッグで田中&プリンス・デヴィット組を下し、IWGPジュニアタッグ5度目の戴冠（第20代）。 |
| | 3月14日●第4回『NEW JAPAN CUP』に参戦。1回戦で田口隆祐に敗退。 |
| | 5月26日●Zepp Tokyoで岡田に勝利。 |
| | 5月31日●第15回『ベスト・オブ・ザ・スーパージュニア』に参戦。Aブロック2勝3敗（6人中3位タイ）。 |
| | 7月5日●ツインメッセ静岡でのIWGPジュニアヘビー級王座決定トーナメント1回戦で稔に勝利。しかし、翌6日の後楽園での2回戦でAKIRAに敗退。 |
| | 7月21日●月寒アルファコートドームで稔&デヴィット組に敗れ、IWGPジュニアタッグから陥落。 |
| | 12月19日●大日本プロレスの横浜文化体育館にAKIRAとのタッグで初参戦。関本大介&マンモス佐々木のBJWタッグ王座に挑戦するも敗退。 |
| 2009 | 1月4日●東京ドームでのデビュー20周年記念試合で佐野と初タッグを結成し、金本&井上亘組に勝利。 |
| | 1月22日●大日本の横浜赤レンガ倉庫で関本に勝利。 |
| | 3月29日●沖縄プロレスに初参戦。 |
| | 2月15日●4年ぶりにタイガーマスクのIWGPジュニアヘビーに挑戦するも敗退。 |
| | 5月30日●第16回『ベスト・オブ・ザ・スーパージュニア』に参戦。Bブロック3勝3敗（7人中3位タイ）。 |
| | 8月30日●ユニオンプロレスの後楽園に初参戦し、大家健に勝利。 |
| | 9月25日●メキシコCMLLでウルティモ・ゲレーロのCMLLヘビー級王座に挑戦するも敗退。 |
| | 9月28日●CMLLでミスティコのIWGPジュニアヘビー級王座に挑戦するも敗退。 |

10月15日●ノアの後楽園で『ジュニアヘビー級リーグ戦』に初参戦。Bブロック2勝2分け（5人中1位）で10月31日のJCBホールでの優勝決定戦に進出するも、金丸に敗退。

12月12日●みちのくの後楽園での『宇宙大戦争』に参戦。サスケとのタッグで佐藤秀&恵組に勝利。

12月22日●後楽園での『第4回スーパーJカップ』に参戦するも、1回戦で丸藤正道に敗退。

2010　1月29日●ROHに参戦し、オースチン・エイリースに敗退。

1月30日●アメリカPWGに参戦し、エル・ジェネリコに勝利。

5月3日●福岡国際センターでの『レスリングどんたく』でネグロ・カサスを下し、第16代CMLL世界ミドル級王者となる。

5月8日●『スーパーJタッグトーナメント』に吉橋伸雄（現・YOSHI-HASHI）と出場するも1回戦でフジタ"Jr"ハヤト&野橋太郎組に敗退。

5月22日●アメリカJAPWに参戦し、ホミサイドに敗退。

5月30日●第17回『ベスト・オブ・ザ・スーパージュニア』に参戦。戦績はAブロック4勝3敗（8人中4位タイ）。

6月●CMLLに長期遠征。7月30日から同団体が主催する16人参加のトーナメント『カンペオン・ウニベルサル』に参戦。一回戦でカサス、2回戦でエクトール・ガルサ、準決勝戦でラ・マスカラを下してBブロックで優勝。8月13日、Aブロック優勝のラ・ソンブラから勝利を収め、ウニベルサル王者となる。

9月3日●CMLLで初の金網戦。

11月9日●ディファ有明で開催された『スーパーJタッグリーグ』にサムライとのタッグで参戦。戦績はAブロック1勝3敗（5チーム中4位タイ）。

12月10日●JAPWでの6WAYイリミネーションマッチに出場。最後にアゼリアルを下し、JAPWライト級王者となる。

12月11日●JAPWでマイク・クワッケンブッシュを下し、JAPWライト級王座防衛。

12月18日●ドイツEWPに参戦し、レオン・バン・ガステレンに勝利。

2011　3月21日●全日本の両国で永田裕志とのタッグで、船木誠勝&鈴木みのる組と対決。船木とは23年ぶりの遭遇。

5月15日●新日本のアメリカ遠征に参戦。15日にケニー・オメガに敗れ、JAPWライト級王座から陥落。

5月26日●第18回『ベスト・オブ・ザ・スーパージュニア』に参戦。戦績はBブロック4勝4敗（9人中5位タイ）

8月27日●新日本、全日本、ノアの3団体が武道館で開催した東日本大震災の復興チャリティー興行『ALL TOGETHER』に参戦。船木&佐野とトリオを結成し、鈴木&タイチ&青木篤志組に勝利。

9月●CMLLに無期限遠征に出発。

10月23日●エル・イホ・デル・ファンタスマとのタッグでワンナイトタッグトーナメント『トルネオ・デ・パレハス』に参戦。決勝でミステル・ニエブラ&ミステリオッソ・ジュニア組を下して優勝。

11月18日●CMLLでドラゴン・ロホ・ジュニアに敗れ、CMLL世界ミドル級王座から陥落。

**2012** 4月14日●カナダPWSに参戦し、ロデリック・ストロングに敗退。

5月27日●第19回『ベスト・オブ・ザ・スーパージュニア』に参戦。戦績はAブロック4勝4敗（9人中3位タイ）。

6月16日●大阪府立でタイガーマスクとのタッグでタイチ&TAKAみちのく組を下し、IWGPジュニアタッグ6度目の戴冠（第32代）。

6月24日●みちのくの滝沢村大釜幼稚園体育館で、野橋太郎のデビュー10周年記念試合の相手を務めて勝利。

8月31日●みちのくの後楽園で第5回『ふく面ワールドリーグ戦』に参戦。9月2日の岩手県営体育館での決勝に進出するも、ザ・グレート・サスケに敗退。

10月21日●後楽園での『スーパーJタッグトーナメント』にタイガーとのタッグで出場。1回戦でロッキー・ロメロ&アレックス・コズロフ組に敗退。

10月27日●台湾での全日本との合同興行でカズ・ハヤシに勝利。

11月21日●東京ドームシティホールでKUSHIDAとのタッグで、桜庭和志&柴田勝頼組に敗退。

12月23日●後楽園で鈴木みのると約10年ぶりに対戦するも敗退。

**2013** 2月17日●DDTの後楽園に高橋広夢（現・ヒロム）とのタッグで参戦し、坂口征夫&彰人組に勝利。

4月5日●アメリカPWSでジョン・ヘニガンに敗退。

5月24日●第20回『ベスト・オブ・ザ・スーパージュニア』に参戦。戦績はAブロック4勝4敗（9人中4位タイ）

7月5日●後楽園で棚橋とのタッグでタマ・トンガ&テリブレ組を下し、CMLL世界タッグ王者となる。

7月14日●ノアの後楽園で『第7回日テレG+杯争奪ジュニア・ヘビー級タッグリーグ戦』にタイガーとのタッグで参戦。7月28日の後楽園での優勝決定戦で石森太二&小峠篤司組を下して優勝すると共に、第18代GHCジュニアタッグ王者となる。

9月14日●後楽園でT・トンガ&レイ・ブカネロ組に敗れ、CMLL世界タッグ王者から陥落。

9月29日●神戸ワールド記念ホールでロブ・コンウェイのNWA世界ヘビー級王座に挑戦するも敗退。

10月25日●後楽園での『スーパーJタッグトーナメント』にタイガーとのタッグで出場。1回戦で邪道&外道組に敗退。

11月27日●ノアの後楽園でザック・セイバーJr.に勝利。

12月7日●ノアの有明コロシアムで小川良成&ザック・セイバーJr.組に敗れ、GHCジュニアタッグ王座から陥落。

**2014**

3月29日●イギリスの『SuperClashレスリングランペイジ2014』でロイ・ナイトに勝利。

4月4日●大阪プロレスのナスキーホール梅田でのブラックバファローのデビュー20周年記念試合の相手を務めて勝利。

5月17日●アメリカでの新日本とROHの合同興行で、アダム・コールのROH世界ヘビー級王座に挑戦するも敗退。

5月30日●第21回『ベスト・オブ・ザ・スーパージュニア』に参戦。Aブロック3勝4敗(8人中6位タイ)。

7月18日●ノアの新発田市カルチャーセンターで『第8回日テレG+杯争奪ジュニア・ヘビー級タッグリーグ戦』にタイガーとのタッグで参戦。戦績はAブロック3勝1敗(5チーム中2位)。

8月23日●琉球ドラゴンプロレスのミュージックタウン音市場に参戦し、グルクンマスクに勝利。

10月2日●ドイツxWxに参戦し、トミー・エンドに勝利。

10月3日●イギリスASWに参戦し、ロビー・ダイナマイトに勝利。

10月13日●両国でNWAのブルース・サープ社長にNWA世界ジュニアヘビー級王者の次期挑戦者に指名されると、「ライガー最終章、もう一回、シングルのベルトを獲りにいく」と宣言。

10月25日●後楽園での『スーパーJタッグトーナメント』にタイガーとのタッグで出場。1回戦でマット・ジャクソン&ニック・ジャクソン組に敗退。

11月8日●大阪府立でチェーズ・オーエンズを下し、NWA世界ジュニアヘビー級王座を奪取。

**2015**

3月27日●ROHでジェイ・リーサルのROH世界TV王座に挑戦するも敗退。

4月13日●アメリカ『Casino Royale 2015』に参戦。スティーブ・アンソニーに敗れ、NWA世界ジュニアヘビーから陥落。

5月16日●北米での新日本&ROHの合同興行に参戦。5月16日にカナダでダルトン・キャッスルに勝利。

5月22日●第22回『ベスト・オブ・ザ・スーパージュニア』に参戦。Aブロック4勝3敗(8人中3位タイ)。

8月22日●アメリカWWE・NXTで『Takeover Brooklyn』に初出場し、タイラー・ブリーズに勝利。

10月3日●イギリスRPWでAJスタイルズのブリティッシュヘビー級王座に挑戦するも敗退。

10月24日●後楽園での『スーパーJタッグトーナメント』にタイガーとのタッグで出場。1回戦でカイル・オライリー&ボビー・フィッシュ組に敗退。

12月18日●後楽園でタイガーのNWA世界ジュニアヘビー級王座に挑戦。上半身裸のバトルライガー仕様で臨むも敗退。

2016 5月3日●福岡国際センターで約6年ぶりに、王者KUSHIDAから逆指名を受けるかたちでIWGPジュニアヘビー級王座に挑戦するも敗退。

5月21日●第23回『ベスト・オブ・ザ・スーパージュニア』に参戦。Aブロック3勝4敗（8人中5位タイ）

7月20日●第5回『スーパーJカップ』に参戦（新日本&ノア共催）。後楽園での1回戦でEita（ドラゴンゲート）に勝利を収めるも、8月21日の有明コロシアムでの2回戦でタイチにリングアウト負け。

8月27日●アメリカNEWに参戦し、ジェフ・ハーディーに敗退。

9月2日●PWGの『バトル・オブ・ロサンゼルス』に参戦。1回戦でクリス・ヒーローに敗退。

10月21日●後楽園での『スーパーJタッグトーナメント』にタイガーとのタッグで出場。1回戦で田口&フエゴ組に敗退。

11月10日●RPWに参戦し、マーティー・スカルに敗退。

11月11日●RPWで黒いライガーのコスチュームを身につけたウィル・オスプレイに敗退。

2017 2月8日●『プロレスリングマスターズ』の後楽園に参戦。武藤&藤波&長州とカルテットを結成し、越中詩郎&グレート・カブキ&AKIRA&齋藤彰俊組に勝利。

5月17日●第24回『ベスト・オブ・ザ・スーパージュニア』に、「今回で『スーパージュニア』は卒業」と宣言して参戦。戦績はAブロック1勝6敗（8人中8位）。

7月1日●新日本のアメリカ・ロス遠征に参戦。

7月8日●RPWの『ブリティッシュJカップ』で優勝。

7月17日●イギリスWCPWの『プロレスリング・ワールドカップ'17』日本予選トーナメント1回戦で田口に敗退。

8月17日●RPWでジョシュ・ボドムのブリティッシュ・クルーザー級王座に挑戦するも敗退。

# 知られざる「獣神」のすべて。

「山田恵一時代」初公開！